"十一五"国家重点图书出版规划项目

·经/济/科/学/译/丛·

Study Guide with Worked Examples for Use with International Trade

《国际贸易》学习指导与习题集

斯蒂芬·罗斯·耶普尔（Stephen Ross Yeaple） 编

刘 蕊 冯凌秉 冯丽君 等译

中国人民大学出版社

·北京·

《经济科学译丛》总序

中国是一个文明古国，有着几千年的辉煌历史。近百年来，中国由盛而衰，一度成为世界上最贫穷、落后的国家之一。1949 年中国共产党领导的革命，把中国从饥饿、贫困、被欺侮、被奴役的境地中解放出来。1978 年以来的改革开放，使中国真正走上了通向繁荣富强的道路。

中国改革开放的目标是建立一个有效的社会主义市场经济体制，加速发展经济，提高人民生活水平。但是，要完成这一历史使命绝非易事，我们不仅需要从自己的实践中总结教训，也要从别人的实践中获取经验，还要用理论来指导我们的改革。市场经济虽然对我们这个共和国来说是全新的，但市场经济的运行在发达国家已有几百年的历史，市场经济的理论亦在不断发展完善，并形成了一个现代经济学理论体系。虽然许多经济学名著出自西方学者之手，研究的是西方国家的经济问题，但他们归纳出来的许多经济学理论反映的是人类社会的普遍行为，这些理论是全人类的共同财富。要想迅速稳定地改革和发展我国的经济，我们必须学习和借鉴世界各国包括西方国家在内的先进经济学的理论与知识。

本着这一目的，我们组织翻译了这套经济学教科书系列。这套译丛的特点是：第一，全面系统。除了经济学、宏观经济学、微观经济学等基本原理之外，这套译丛还包括了产业组织理论、国际经济学、发展经济学、货币金融学、公共财政、劳动经济学、计量经济学等重要领域。第二，简明通俗。与经济学的经典名著不同，这套丛书都是国外大学通用的经济学教科书，大部分都已发行了几版或十几版。作者尽可能地用简明通俗的语言来阐述深奥的经济学原理，并附有案例与习题，对于初学者来说，更容易理解与掌握。

经济学是一门社会科学，许多基本原理的应用受各种不同的社会、政治或经济体制的影响，许多经济学理论是建立在一定的假设条件上的，假设条件不同，结论也就不一定成立。因此，正确理解掌握经济分析的方法而不是生搬硬套某些不同条件下产生的结论，才是我们学习当代经济学的正确方法。

本套译丛于 1995 年春由中国人民大学出版社发起筹备并成立了由许多经济学专家学者组织的编辑委员会。中国留美经济学会的许多学者参与了原著的推荐工作。中国人民大学出版社向所有原著的出版社购买了翻译版权。北京大学、中国人民大学、复旦大学以及中国社会科学院的许多专家教授参与了翻译工作。前任策划编辑梁晶女士为本套译丛的出版做出了重要贡献，在此表示衷心的感谢。在中国经济体制转轨的历史时期，我们把这套译丛献给读者，希望为中国经济的深入改革与发展做出贡献。

《经济科学译丛》编辑委员会

序　言

罗伯特·芬斯特拉和艾伦·泰勒撰写了一本很好的教科书，这本教科书指出在国际经济中的一些重要因素，并且介绍和解释了一些能用来分析这些要素的微观经济和宏观经济模型。这本学习指导与习题集是对教科书的一个补充，向学生提供一个通过自主学习达到更多了解国际经济知识目的的额外机会。自主学习的策略不仅在学术方面，而且在运动、音乐或者艺术方面都是非常奏效的。一个优秀的教练或者教师给他的运动员或学生确定一种重要的技能让他去学习，然后把这种技能展示给他的运动员或是学生，之后确认他的运动员或是学生准确地执行这项技术，最后对运动员或者学生进行操练直到这项技能成为他们的第二天性为止。在大多数高等教育机构中，引导你采用这些步骤的材料对于你来说是可以得到的，但是最后到底采用哪些步骤就完全在于自己了。

在这本学习指导与习题集中采用的策略包括两个方面的内容。第一，复习教科书中每一章节的每一个部分所提到的基本概念和关键术语，目的是使学生更加清楚哪些内容是他们需要掌握的。在一些地方，复习了在微观经济学和宏观经济学中介绍的根本经济理论。对构成国际经济学基本词汇的关键术语的定义也向学生做了介绍。

第二部分涉及需要解决的问题。在每个章节的每个部分提到的问题都是为了检测学生对基本概念情况的了解以及加强对经济分析的逻辑结构。这些问题在难度上有很大的不同，有时会超出教材中讨论的范围让学生对从教材中学到的经济原理的应用范围进行一定的延伸。尽管有的问题后面直接给出了填写答案的地方，还是鼓励学生使用更多的空间以提供更为详细的答案，因为回答启发性的问题所创造的价值大部分都是从练习写详细答案的过程中获得的。在谈及特别重要或者特别难的话题的问题下面都立刻给出了提示，以便纠正通常的错误并展示不同类型经济问题的共同特点。最后，在这本书的最后给出了每一个学习指导问题的详细答案。

你花在学习中的时间和精力越多，你获得的经验就越多，并且你会更加欣赏由罗伯特·芬斯特拉和艾伦·泰勒合著的这本教科书的质量。

致谢

非常感谢罗伯特·芬斯特拉、艾伦·泰勒和沃思出版公司的组稿编辑萨拉·多杰三位鼓励我写这本学习指导书。我感谢沃思出版公司所有指导过我并帮助我出版这本书的人，尤其是开发编辑玛丽·麦克海尔和生产部经理斯泰西·亚历山大。我衷心感谢我的妻子凯瑟琳，因为她帮助我校对了本书的大部分内容。同时也感谢在普林斯顿大学的国际贸易课堂上一起讨论本书初稿的学生们。最后，感谢我的孩子给我带来的激情。

斯蒂芬·罗斯·耶普尔
科罗拉多大学博尔德分校

目 录

第 1 章　全球经济中的贸易

概　述

全球化这个词意味着许多东西：跨越国界的货物和服务的流动；人口与公司的移动；文化和观念在不同国家间的蔓延；世界范围内金融市场的紧密联系。在这本书中我们分析了在不同国家间货物和服务、人口和成本的流动，同时也分析了政府干涉这些流动的政策。这些流动的规模很大并且以较快的速度在增长。除了尝试着去理解导致这些流动产生的原因，我们也深入地分析了这些流动对福利产生的影响。贸易是如何影响一个国家的物质福利的？国际贸易是否增加了贫富差距？劳动人口的移民又会产生什么影响？

这一章将对跨国之间的货物和服务、人口和成本的流动提出一个宽泛的观点。我们将看到这些流动是很复杂的并且很难去总结，但是存在一些解释这些流动的模型。

1. 国际贸易

基本概念

当一个国家的居民向另外一个国家的居民出售他们的商品货物或者服务时，国际贸易就产生了。国家间产生的国际贸易规模是巨大的。2000年货物出口总额是10.2万亿美元，服务出口总额是2.4万亿美元。这一章介绍了很多关于可能难以被消化的国际贸易流动的规模和方向的信息。我们尝试着运用国际贸易数据去归结一些模式。

● 国内生产总值多的国家占据了国际贸易总额的很大比例。

● 相对于国内生产总值来说，小国参与贸易的比例要大于大国。

● 相距较远的两个国家的贸易量会急剧下降。

● 贸易产生于极为相似的国家之间或者存在很大差异的国家之间。

● 国家间发生的双向贸易是很普遍的。例如，美国出口的最大市场国是加拿大，而加拿大却是美国进口来源的最大市场。

● 自从20世纪50年代以来，贸易量的增长速度远远快于国内生产总值的增长速度。

● 自从20世纪50年代以来，关税稳步下降。

● 航运技术的进步显著地降低了国际贸易成本。

为什么会有国家参与国际贸易？国际贸易会给国家财富带来什么影响？这些贸易量对收入的分布会产生什么影响？这些都是国际贸易领域中的关键问题，从第2章到第7章会对这些问题给出各种答案。第2章到第4章和第7章介绍了解释存在不同特点的国家间进行贸易的动机的模型，比如技术可用性及自然资源的丰富度。第6章介绍了一种模型，用这种模型来解释为什么相似的国家甚至相同的国家能从参与国际贸易中有所收获，还用这种模型解释了为什么大部分国际贸易发生在邻近的发达国家之间。

关于贸易的政府政策对于贸易量有很大的影响。在像关税和配额这样的贸易壁垒低的时期，国际贸易蓬勃发展，而在贸易壁垒高的时期，比如第一次世界大战到第二次世界大战之间，贸易量收缩。贸易政策对国际贸易量和福利的影响将作为第8章到第11章的主题。贯穿本书的这一部分，我们讨论WTO这个重要的国际机构在协调成员国间的贸易政策以及促进国际贸易发展的过程中所发挥的作用。

关键术语

在关键术语后面的横线上写下你的解释。

出口：______

进口：______

商品货物：______

服务出口：______

贸易差额：______

贸易顺差：______

贸易逆差：______

双边贸易差额：______

国内生产总值：______

贸易壁垒：______

进口关税：______

进口配额：______

复习题

问题 1：为什么双边贸易差额是一个误导性的措施？请解释。

______

问题 2：教材中的表 1—2 显示了贸易额在国内生产总值中所占的份额。用于解释一个国家在国际贸易中能够自力更生所应具备的重要因素是什么？

______

问题 3：根据教材中的表 1—2，中国香港和马来西亚的国际贸易量超过了它们的国内生产总值。这种可能性是如何产生的？

______

问题 4：思考下面这个论断："全球化是将这些国家结合到一起的不可抗拒的力量。"历史记录是否支持这个论断？

______

______

______

提示

在这一章所呈现的统计学是"合集"，缺乏对货物和服务类型的详细阐述。贸易的实际动机是很隐蔽的。在以后的章节中我们将看到组成国家贸易的多种模式。

问题 4 指出国家间的贸易壁垒影响了国际贸易量。从历史上来看，关税和配额有时呈现上升的趋势而不是下降。这也是全球化发展的两个"黄金时代"相隔很多年的一个原因。

2. 移民和对外直接投资

基本概念

国际移民在许多国家都是一个存在争议的话题。实际上移民是一个经济问题，由此也引起了许多关注。移民问题是如何影响薪酬待遇问题的？移民是否从当地居民手里抢走了工作机会？鉴于存在这些担忧的问题，所有国家都对外来移民进行限制也就不足为奇了，这将是一个安全的赌注，如果缺乏这种限制将会有大量的劳动力参与国际移民活动。第5章对移民效应进行经济分析，并且从理论的高度对这个经济分析进行了展示，移民对薪酬待遇的影响主要是一个短期现象。从长远来看，经济实体在不引起薪酬待遇大的改变的前提下，能够消化吸收增长的劳动力。在第4章中呈现的贸易模型也证明国际贸易充当了移民的替代品：一个劳动力可能没有办法进入美国劳动力市场，但是由这个工人生产的商品却能够进入这个市场。

当一个国家中的一个企业拥有了另一个国家的一个企业时，对外直接投资产生了。各个国家之间所发生的对外直接投资的流动规模是很大的。一个共性的观点就是跨国公司投资于工资水平比较低的国家主要是为了降低生产成本。尽管存在这种类型的对外直接投资模式，但是更多的对外直接投资还是发生在发达国家之间。一个关键的例子就是美国的庞大的组装厂网络被日本的丰田公司所占有。这种类型的对外直接投资经常被称为横向对外直接投资，因为它涉及在很多地方复制同样的生产活动。这种类型的对外直接投资的动机一般为公司在离它们的顾客最近的地方进行生产的意愿。当一个跨国公司在一个低工资水平的国家建立一个工厂后，纵向对外直接投资产生了。大部分美国跨国公司的纵向对外直接投资对象是墨西哥。尽管纵向对外直接投资的数量一直被认为少于横向对外直接投资的数量，但是纵向对外直接投资存在更多的争议。

关键术语

在关键术语后面的横线上写下你的解释。

移民：______________________________

对外直接投资：______________________________

横向对外直接投资：______________________________

纵向对外直接投资：______________________________

逆纵向对外直接投资：______________________________

汇率：______________________________

复习题

问题 5：国家间劳动力的移民几乎完全是从低工资水平国家移民到高工资水平国家。这种说法正确与否？请解释。

问题 6：为什么一个跨国公司在许多不同的国家能生产出相同的产品？请解释。

问题 7：对外直接投资能够对贸易量产生影响。你能预期一下纵向和横向对外直接投资对贸易量产生不同还是相同的影响吗？请解释。

提示

这本书是通过对一个国家的外国出生的人口数量的统计来测度移民数量的，并通过对一个特定时期内外资持股公司数量的变化来测度对外直接投资的规模。第一个是存量；第二个是流量。跨国公司所占有的外资公司的实际销量要远远大于新投资流。

问题 7 指出了贸易的流量和对外直接投资是互为相关的。

第 2 章　贸易与技术：李嘉图模型

概　述

国家间的贸易模式显示出能用经济理论来解释的规律。不同的事实意味着不同的经济机制。这一章介绍了由 19 世纪的经济学家大卫·李嘉图发明的一种模型，他将特定的国家特点以及这个国家的科学技术考虑到这个贸易模型中。李嘉图指出这样一种现象：一个在任何行业都处于技术落后水平的国家能够像存在更高生产力的国家一样从贸易中获利。对李嘉图模型的分析说明了比较优势理论，这个理论是经济学中最基本的概念之一。在李嘉图模型中存在的许多经济原理同样存在于在这本书后面将要谈论的复杂的模型中。为此，要尤为认真地学好这一章的内容！

接下来的四章将探索研究许多其他的模型，这些模型都可被用来解释国家之间的贸易模式中存在的特定规律。除了对这些贸易模式提供一些解释外，这些模型也可以被用来理解国际贸易对社会福利产生的影响。

1. 贸易的原因

基本概念

国家之间的贸易模式，不管是在第 1 章中显示的汇总统计还是在这一章开头所列举的关于美国进口滑雪板的例子，这些都说明了存在很多对为什么不同国家之间进行贸易这个问题的解释。这些解释中的大部分都涉及进行贸易的国家之间的经济特点方面的差异。例如，国家之间可能在获得科技的途径上存在差异或者在提供生产资源的方式上存在差异。科技上存在的差异会使一些国家在某个产品的生产中具有绝对优势。也就是说，这些国家在某个产品的生产中将成为世界级的生产力领袖。对贸易模式的最基本的解释不在于这个国家具有绝对优势，而在于这个国家具有比较优势。一个国家具有生产某些产品的比较优势，即与生产其他产品的效率相比较它生产这些产品的效率是最高的。比较优势可能来源于技术上的不同，但也可能归功于这个国家的资源禀赋，这些资源可以是自然资源（比如耕地或者煤矿），也可以是人造资源（比如资本）。

最后，地理条件对贸易结构存在多种影响方式。地理因素除了对一个国家的自然资源禀赋产生影响外，它还决定着国家之间的距离。数据显示的一个关键的规律就是：随着距离的增大，两个国家之间的贸易量将会减小。由于邻接性形成的贸易关系通常由政府政策来巩固。按照惯例，加拿大、墨西哥和美国由于运输和通信条件的便利彼此之间的贸易来往很密切。经过这些国家的同意而成立的自由贸易区同时也加强了它们之间的贸易纽带。

关键术语

在关键术语后面的横线上写下你的解释。

出口：____

进口：____

邻接性：____

资源：____

自然资源：____

劳动力资源：____

资本：____

生产要素：____

绝对优势：____

比较优势：____

技术：____

自由贸易区：____

对外直接投资：____

外包：____

2. 李嘉图模型

基本概念

这一章运用了一个由大卫·李嘉图发明的简单的一般均衡模型来证明比较优势理论。在这个一般均衡模型中，一个经济体系要提供用来生产产品的要素或者资源。技术决定了要素是如何转化为产品的。这些产品的需求量取决于依赖这个经济体系的产出的消费者的收入水平，取决于由无差异曲线所显示出的消费者的偏好，同时取决于这些产品的相对价格。最后，这个一般均衡模型指出了人与企业是如何竞争的。在这一章中，每一个市场都是完全竞争的市场。

这个经济体的生产可能性边界是对在给定技术和要素禀赋的前提下，这个经济体能够生产的产品的所有可能性的总结。在李嘉图模型中，假定每个产业的边际劳动产出都是相同的，这样一来，这个产业的总产出就等于边际劳动产出乘以这个产业所雇用的工人的数量。通过不同产业之间劳动力的流动，我们可以描绘出这个国家的生产可能性边界。生产可能性边界的斜率告诉我们在保持 Y 轴产品数量不变的条件下，扩大 X 轴上这种产品的产量所应付出的机会成本。如果一个国家生产一种产品的机会成本小于其他国家生产该种产品的机会成本，就说明这个国家在这种产品的生产上具有比较优势。

消费者对产品的需求量依赖于消费者的预算约束、消费者的喜好和相对价格。因为这些概念在这本书的大部分章节都将被提到，所以有必要对这些概念进行复习。假设一个消费者总共有收入 I 用于消费苹果和衬衫。他所需要的苹果数量是 D_A，他所需要的衬衫数量是 D_S。苹果的价格是 P_A，衬衫的价格是 P_S。如果他花去他所有的收入，那么

$$I=P_A \cdot D_A+P_S \cdot D_S \Rightarrow D_S=\frac{I}{P_S}-\frac{P_A}{P_S} \cdot D_A$$

注意 P_A/P_S 被称为苹果的相对价格。这个相对价格告诉我们在给定这两种商品的价格的前提下，这个苹果对于这个消费者来说的机会成本，或者说额外增加购买一个苹果，需要放弃购买多少衬衫。为了简化，国家被视为具有预算约束的消费者。在这条预算约束线上一个消费者选择在哪个点购买取决于这个消费者的偏好，消费者的偏好是通过图 2—1 所显示的无差异曲线表示出来的。

在画无差异曲线之前需要确定两个前提假设：(1) 消费者想要更多的所有商品；(2) 在其他条件不变的情况下，消费者从消费更多的同类商品中获得的效用是递减的。在满足这些假定的前提下，可以看到无差异曲线是凸型的（如图所示），并且无差异曲线的位置越高代表效用越大。收入和相对价格的变化能够改

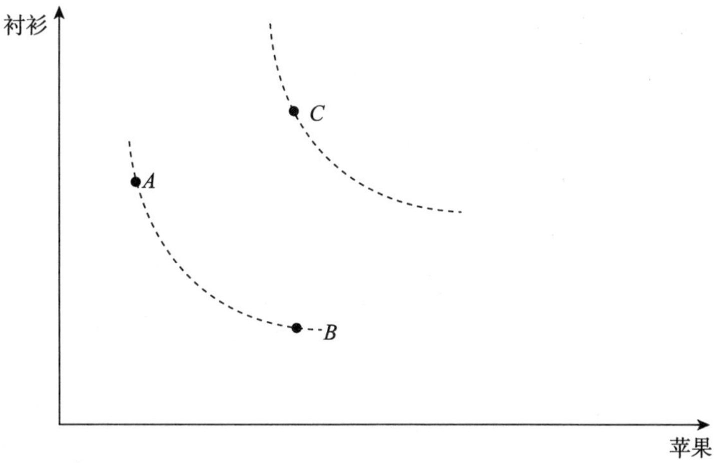

图 2—1 无差异曲线

变消费者的预算约束，但是对消费者的喜好没有影响。也就是说，无差异曲线的图形是永远不会改变的，也就是我们所能看到的那条曲线。整个国家的偏好我们用一系列无差异曲线簇来表示，这些无差异曲线簇告诉我们消费者在他们的预算约束线上选择哪个点以及他们是如何获利的。

最后，我们假设存在完全竞争。因为公司在做招聘决定时将价格和工资看成是已知的，公司索要的相对价格准确地反映了产品进入经济体时的机会成本。因为公司的利润为零，它们的收入被分配给工人，这样工人就能够消费被生产出来的产品。

当公司提供的产品和雇用的工人数量使公司的利润达到最大化，消费者需要的产品数量使他的效用达到最大化，这时供给和需求相等，一种均衡状态就实现了。在“无贸易均衡”状态下，仅存在国内需求，所以国内产出水平必须和国内需求水平相等。当国际贸易被允许后，国外需求和供给也必须考虑进来。

关键术语

在关键术语后面的横线上写下你的解释。

要素：______________________________

边际劳动产出：______________________________

生产可能性边界：______________________________

机会成本：______________________________

完全竞争：______________________________

相对价格：______________________________

无差异曲线：______________________________

效用：______________________________

复习题

问题 1：母国有 100 个能生产苹果和衬衫这两种产品的工人。生产衬衫的工人的边际劳动产出是 2，也就是一个工人能生产 2 件衬衫。生产苹果的工人的边际劳动产出是 5。

1a. 在以衬衫的产量为纵轴，以苹果的产量为横轴的坐标系中画出母国的生产可能性边界；标出截距和斜率。

1b. 请解释为什么生产可能性边界是一条直线。

1c. 相对于衬衫来说，苹果的机会成本是多少？

1d. 相对于苹果来说，衬衫的机会成本是多少？

1e. 如果这个国家工人的数量降低到 50 人，那么你将如何改变作为问题 1a 的答案的图表？在下面提供的坐标轴中表示出来。

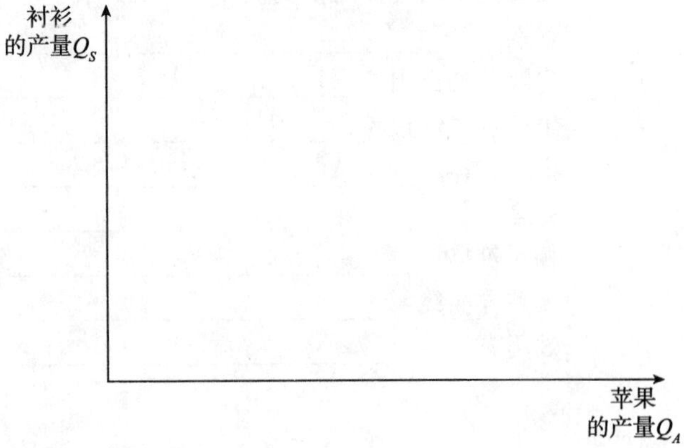

1f. 这样的变化是否引起苹果机会成本的改变？

____

1g. 假设某一天工人醒来后觉得身体不适，他们相对于这两种产品的边际产出相当于之前的一半，即 $MPL_S=1$，$MPL_A=5/2$。在这种情况下，相对于问题 1a 的答案来说，生产可能性边界会发生怎样的变化？在下面提供的坐标轴中表示出来。

1h. 现在假设母国的大黄蜂变得忧郁了，所以它们给苹果树授粉的能力减弱。作为这样的结果，苹果的边际劳动产出 MPL_A 从 5 下降到 2。这样的变化将对母国的生产可能性边界产生怎样的影响？在下面给出的坐标轴中表示出变化之前和变化之后的情况。

1i. 相对于衬衫来说，大黄蜂的抑郁症如何影响苹果的机会成本？

____

提示

在李嘉图模型中生产可能性边界永远都是直线，从来都不会变成曲线。这是因为这里只存在一个要素，并且这个要素的边际产出对于任何一个产业来说都假定是相等的。之后我们将看到生产可能性边界是曲线的模型。

如果坐标轴 X 表示产品 A，那么相对于产品 B 来说，产品 A 的机会成本就等于生产可能性边界的斜率。

上面提到的这些问题可以用来作为其他问题的“菜谱”。采用不同数量的影响因素和技术来进行试验，以此获得更多的实例。

问题 2：母国有 100 个工人。生产衬衫的边际劳动产出 MPL_S 为 2。生产苹果的边际劳动产出 MPL_A 为 5。假设一件衬衫的价格是 5 美元，一个苹果的价格是 2 美元。

2a. 依据问题 2 给定的信息，在生产可能性边界上这个经济体将选择哪个点进行生产?

2b. 假设一个苹果的价格是 4 美元。公司将生产多少苹果?

提示

这里存在完全竞争。在给定价格的前提下，公司通过调整产出量以使它们的利润达到最大化，在这个过程中产生对要素的需求，然后调整要素的价格以保证公司获得零利润。

因为在李嘉图模型中边际产出是相等的，只要相对价格和生产可能性边界的斜率相等，公司就愿意沿着生产可能性边界提供任何数量的产出水平。

对于任何其他的相对价格，这个经济体必须专门从事一种产品的生产。

问题 3：一个苹果的生产成本是 20 美分（苹果的价格是 0.2 美元），一件衬衫的生产成本是 50 美分（衬衫的价格是 0.5 美元），消费者的收入水平是 100 美元。

3a. 预算约束方程是什么？画出预算约束图，并且仔细地标注出所有相关信息。

3b. 如果收入变为 200 美元，苹果的价格变为 40 美分，衬衫的价格变为 1 美元，3a 题中的图将发生怎样的变化？

3c. 从收入变为 200 美元，苹果的价格变为 40 美分，衬衫的价格变为 1 美元开始，展示当其他条件都不变，只有衬衫的价格降到 50 美分时这个图又会发生怎样的变化。当衬衫的价格由 1 美元变化到 50 美分时，苹果的机会成本会受到怎样的影响？

3d. 展示当衬衫的价格是1美元，苹果的价格降到20美分时这个图会怎样变化。苹果价格的变化会对衬衫的机会成本产生怎样的影响？

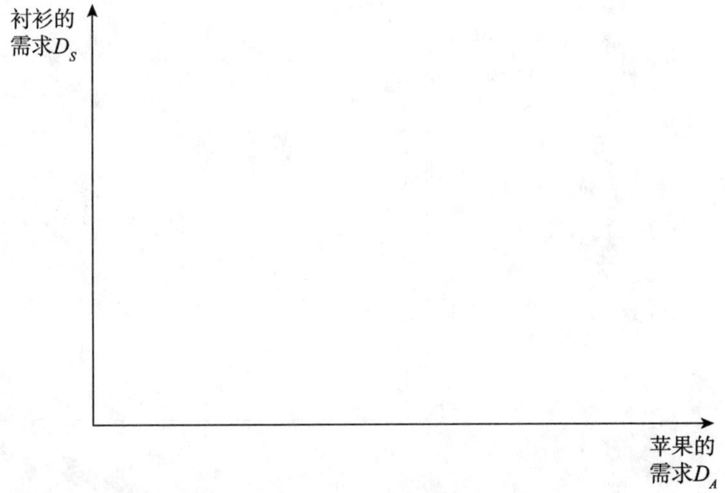

提示

记住预算约束线的斜率等于 X 轴所代表的产品的价格除以 Y 轴所代表的产品的价格是一件很重要的事情。

相对价格并不涉及美元符号！相对价格只有在消费者面临对实际的产品进行权衡优劣时才是真实存在的。

在李嘉图模型中，国际贸易就像在问题3c和3d中展示的相对价格的变化一样变化。只要消费者将他的收入花在这两种产品上，他就能承担起消费更多的这两种产品的负担。

问题 4：考虑图 2—1 中的信息量。虚线代表无差异曲线，A、B 和 C 代表三种不同产品集。

4a. 给定 A、B 和 C 三种选择，请问消费者会选择哪种产品？

____

4b. 给定 A 和 B 两种选择，请问消费者会选择哪种产品？

____

4c. 一个消费者的收入是 200 美元，苹果的价格是 40 美分，衬衫的价格是 1 美元。画出消费者的预算约束线。画出决定消费需求的一条无差异曲线。标记出需求点。

4d. 当其他条件不变，衬衫的价格降低到 50 美分时，展示出这个图的变化情况。同时展示出新的无差异曲线和需求水平。

____

____

提示

不用急迫地去画出现相交状况的无差异曲线。因为不管什么情况下它们都不会涉及不同的效用水平，所以无差异曲线永远不会相交。

我们通常画两条无差异曲线，一条代表变化前的效用水平，另一条代表变化后的效用水平。事实上，存在无数条对应于各个可能的效用水平的无差异曲线，但是为了避免混淆，我们并不画出它们。

问题 5：母国的要素存量是 100 个工人。他们生产衬衫和苹果这两种产品。工人生产衬衫的边际劳动产出是 2，生产苹果的边际劳动产出是 5。

5a. 在标注出坐标轴的坐标系里画出这个经济体在不存在贸易情况下的国家生产可能性边界，再画出一条显示需求水平的无差异曲线。指出相对价格。

5b. 假设引进一项技术导致生产苹果的边际劳动产出增加到 10。展示出这种均衡状态是如何变化的。

5c. 回到最开始的信息，假设在苹果的国际相对价格是 1 时，给定这个经济

体一个与外界进行贸易的机会，并且这个经济体可以根据自己的意愿进行贸易往来。在下面的坐标系中，画一幅图来展示制造商和消费者是如何对这个机会做出反应的。

提示

问题5c的答案证明了李嘉图模型中存在的一个基本特征。如果一个国家能以任何与不存在贸易条件下的均衡价格水平不同的相对价格与外界进行贸易，那么这个国家必将获利。

你们应该在问题5b和5c的答案中发现一个相似点。技术进步和在固定的世界价格水平下的贸易能力能达到相同的效果：他们将从消费的可能性边界中转移出来。

3. 国际贸易模式的决定

基本概念

为了分析国家之间不同的技术对贸易模式的影响，这个模型包括了两个国家。其中的一个国家在两种产品的生产上具有绝对优势。也就是说，这个国家在两种产品的生产中具备先进的科学技术。当一个国家生产一种产品的边际产出高于另一个国家生产同种产品的边际产出时，就说明这个国家在该种产品的生产上具有绝对优势。当一个国家生产一种产品的机会成本低于另一个国家生产同种产品的机会成本时，就说明这个国家在该种产品的生产上具有比较优势。因为在一个不存在贸易往来的平衡中，一种产品的相对价格代表了生产该种产品的机会成本，因此在无贸易均衡体系中，对于一种产品的相对价格较低的国家就在这种产品的生产上具有比较优势。

思考下面的例子。假设母国工人在生产衬衫时的边际劳动产出 MPL_S 是 2，在生产苹果时的边际劳动产出是 5。外国工人在生产衬衫时的边际劳动产出是 8，在生产苹果时的边际劳动产出是 8。那么，外国在生产这两种产品时都具有绝对优势。在母国，相对于衬衫来说，苹果的机会成本是 2/5，然而在外国，相对于衬衫来说，苹果的机会成本是 1。那么根据定义，母国在苹果的生产中具有比较优势，外国在衬衫的生产中具有比较优势。

根据它们的比较优势重新制订生产计划，世界产出总量将会增加。为了弄清这一点，假设两个国家生产两种产品。如果母国为了增加一单位苹果的产量，需要放弃 2/5 单位衬衫的产量。如果外国放弃生产一单位苹果，它将会释放出多余的劳动力去生产一单位衬衫。这样苹果的产量没有变化，但是衬衫的产量已经增加了 1－2/5＝3/5 单位。根据国家之间存在的比较优势重新安排生产，通过更加有效地利用世界资源来从国际贸易中获得收益。这些收益在国家之间的分配方式依赖于世界市场的贸易条件。

关键术语

在关键术语后面的横线上写下你的解释。

绝对优势：____________________

比较优势：____________________

国际贸易均衡：____________________

贸易所得：____________________

世界价格线：____________________

复习题

问题 6：假设母国生产苹果的边际劳动产出是 4，生产衬衫的边际劳动产出是 4。

6a. 外国生产苹果的边际劳动产出是 6。为了使外国在生产苹果时具有比较优势，请问外国生产衬衫的边际劳动产出应该是多少？

____

6b. 外国在生产苹果和衬衫时的边际劳动产出应该选择多少才能使外国的工资率高出一倍，但是不能从贸易中获利？

____

问题 7：如果贸易处于均衡状态，请解释为什么在某种产品上具有比较优势的国家能出口这种产品同时进口其他产品。

____

问题 8：假设母国有 100 个工人，生产苹果的边际劳动产出是 4，生产衬衫的边际劳动产出是 4。外国也有 100 个工人，生产苹果的边际劳动产出是 8，生产衬衫的边际劳动产出是 6。

8a. 在实现贸易均衡的过程中，能够被观察到的相对价格的变化范围是多少？请解释。

8b. 画出生产可能性边界、世界价格线，当世界市场上的相对价格处于每个国家在自给自足状态下的相对价格的一半时，画出处于贸易均衡状态的每个国家的无差异曲线。标注出世界价格线和生产可能性边界的截距项。

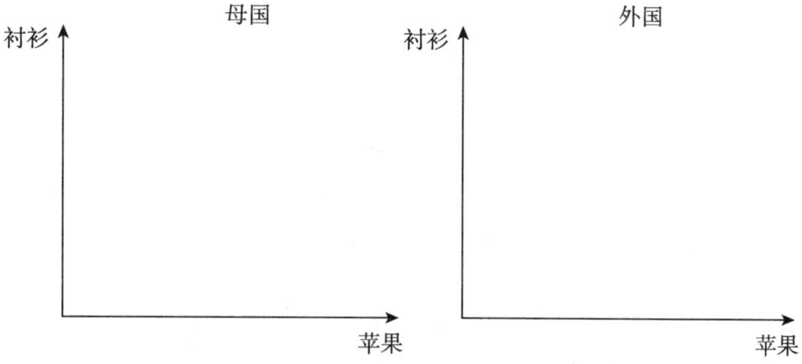

提示

国家之间的工资差异是不能通过贸易行为来消除的。工资差异取决于绝对优势，但是只有具有相对优势的国家才能从贸易中获益。

从你们的生产活动和预算约束来看，你们应该注意到这样一个现象，当世界相对价格和处于无贸易均衡状态下的国家的相对价格差异越大时，这个国家从贸易中获益越多。

4. 求解国际价格

基本概念

国际价格是由对产品的国际供给和需求决定的。这个模型包括两种产品，但是这已经足够用于讨论一种产品所决定的这种产品的相对价格。如果贸易处于均衡状态，那么母国出口产品的价值和对另一产品进口的价值相等，同时也等于国外进口产品的价值。出口额就是国内生产的产品减去国内消费的产品。由于这种产品的相对价格是不断变化的，我们观察一个国家的产出和消费的变化情况，这样就能预测这个国家的贸易欲望是如何受到影响的。使一个国家的出口供给和另一个国家的进口需求相等的相对价格就是均衡国际价格，或者称为贸易条件。

关键术语

在关键术语后面的横线上写下你的解释。

出口供给曲线：____

进口需求曲线：____

贸易条件：____

复习题

问题 9：假设母国有 100 单位的劳动力资源，生产苹果的边际劳动产出是 4，生产衬衫的边际劳动产出是 4。在一个无贸易均衡状态下，假设母国消费者需要 175 单位的苹果。外国拥有 100 单位的劳动力资源，生产苹果的边际劳动产出是 8，生产衬衫的边际劳动产出是 6。

在一个无贸易均衡状态下，假设外国需要消费 400 单位的苹果。接下来的问题也许能够帮助你协商问题 8 的答案。

9a. 画出母国的出口供给曲线。

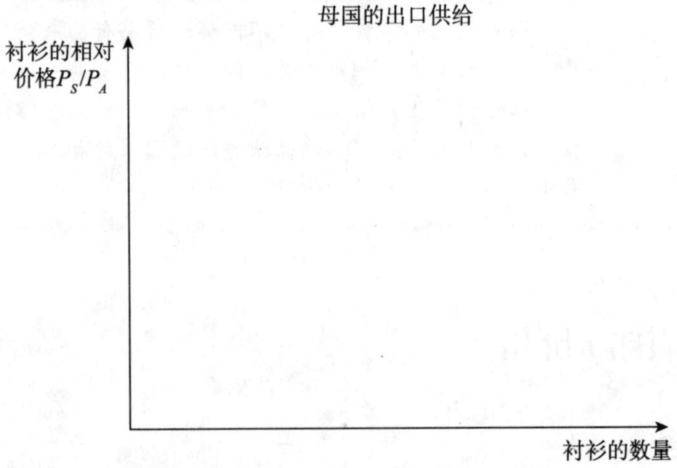

9b. 将外国的进口需求曲线增加到 9a 题的图表中，衬衫的世界相对价格就处于无贸易条件下这两个国家的相对价格之间。

9c. 假设母国工人的数量增加了一倍。这一变化将对衬衫的母国出口供给曲线带来什么影响？将这个影响展示在 9a 题的图表中。

提示

如果将上面讨论的这个问题进行一下替换，换成外国的出口供给曲线和母国的进口需求曲线，这个图看起来与之前的不同，但是包含的信息将是一样的！

9c题的答案显示了在贸易模型中一个通用的结果：越大的国家越不可能从贸易中获利。对于一个大国来说，相对价格在国际贸易均衡状态下与不存在贸易条件相比，并没有太大的差异，这是因为国外需求相对于母国供给来说是很小的。正如我们在前面的问题中所看到的一样，国家要想获得更多的收益，那么相对价格在非贸易和贸易状态下的差异要尽可能大。

第 3 章　特定要素模型中的贸易得失

概　述

第 2 章证明了这样一种观点，只要参与国际贸易的国家能够比没有参与国际贸易的国家消费得多，这些国家就能从贸易中获益。这一章分析了国际贸易对个人而不是国家的实际消费能力和实际收入水平产生的影响。正如本章的章名所显示的，一个国家很可能从贸易中获益，然而居住在这个国家的一些个人（并不是全部）却会因为参与国际贸易而受到损失。

国际贸易通过影响个体所拥有的要素的实际收入进而对个人的福利产生影响。有一些人是通过劳动获得绝大部分收入，然而有些人是通过他们所拥有的土地或者资本而获得收入。国际贸易提高了某些要素的收入水平，同时也降低了另外一些要素的收入水平。结果就是，一些个体能从国际贸易中获利，一些个体却从国际贸易中受损。为了得出这些结论，有必要使用一个包含多于一种要素的模型来说明这些问题。

在这一章要介绍的特定要素模型包含三种要素。这个模型展示出在国际贸易中既有明确的赢家，也有明确的输家。一个国家从贸易中获益是有特定的含义的：在国际贸易中所得到的收益超出在国际贸易中所承担的损失，这样才算最终获益。

1. 特定要素模型

基本概念

这个模型假设一个产业（农业）使用劳动和土地，另一个产业（制造业）使用劳动和资本。这个模型有时被称为特定要素模型，因为土地是农业部门所特有的，资本是制造业部门所特有的，劳动在两个部门使用，所以它不是任何一个部门所特有的。劳动有时被称为流动要素，因为它可以在两个产业中自由流动。

在每一个产业的生产过程中增加一个特定的要素，这样就引起特定要素模型中的一个重要的特征：收益递减。为了生产农产品，一个公司需要土地和劳动力。因为土地的供应量是固定的，所以要想扩大产量只能依靠增加劳动力的方式来实现（比如将劳动力资源从制造业中调拨一部分出来）。在相同数量的土地上，将更多的劳动力资源投入到农业生产中，这样农业当中劳动力的边际产出降低。将同样的假设条件应用到制造业中，因为资本量是固定的，随着制造业雇用工人数量的增加，劳动力的边际产出是递减的，这是因为工人的数量增加，每个工人可以使用的机器更少了。

收益递减包含的一个重要意思就是，收益递减引起一个国家的生产可能性边界呈向外凸起或者向内凹陷的形状。这就意味着当这个国家与其他国家进行贸易往来时，它将增加相对价格已经上升的产品的产出量，减少其他产品的产出量，但是这个国家是不能完全专门生产任何一种产品的。这是因为把劳动力资源从一个产业转移到另外一个产业的过程，将引起扩展产业的劳动力的边际产出下降，同时和这个产业相对的另外一个产业的劳动力的边际产出增加。例如，由于开展国际贸易的原因制造业产品的相对价格上升，当这个国家扩大制造业产品的生产规模（此时边际劳动产出下降）并缩减农业产品的生产规模（此时边际劳动产出上升）时，制造业产品的机会成本将同样上升。

当国家不参与国际贸易时，各个国家之间的生产机会成本是存在差异的。贸易允许一些国家扩大生产那些在不存在贸易条件的均衡状态下机会成本较低的产品，缩减生产那些机会成本较高的产品。因此，它们将会从贸易中获益。

关键术语

在关键术语后面的横线上写下你的解释。

特定要素模型：________________________________

收益递减：________________________________

贸易禁运：________________________________

自给自足：________________________________

复习题

问题 1：假设生产制造业产品的技术用 $Q_M=\sqrt{\bar{K}, L_M}$表示，其中 Q_M 表示制造业的产量；$\bar{K}$ 表示这个国家的资本禀赋，这是对制造业来说特有的要素；L_M 表示在制造业中作为流动要素的劳动力的数量。

1a. 如果资本 $\bar{K}$ 和劳动力 L_M 这两项的投入都增加一倍，那么制造业的产量 Q_M 将会增加多少？

1b. 现在假设 $\bar{K}$ 固定为 100。如果 L_M 增加一倍，那么 Q_M 上升多少？

1c. 当雇用工人的原始数量是 100 或者 10 时，由减少雇用一个工人所带来的制造业产量的损失成本是增加还是减少呢？

问题 2：假设生产两种产品：用 A 表示农业产品，用 M 表示制造业产品。农业产品是由土地和劳动进行生产，制造业产品是由资本和劳动进行生产。劳动力在这两个产业中是可流动的。下面两个问题与图 3—1 有关。

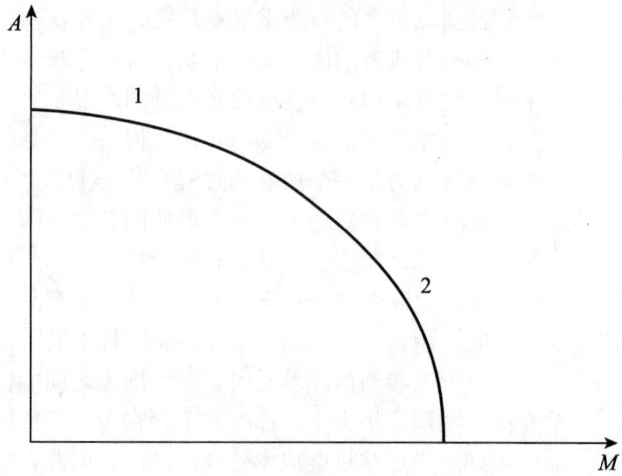

图 3—1

2a. 在图 3—1 中，相对于 A 来说，M 的机会成本是比点 1 高一些还是比点 2 高一些？

2b. 在图 3—1 中，请对为什么这条生产可能性边界是一个凸形曲线给出一个直观的解释。

2c. 如果制造业产品的价格（P_M）是每单位 10 美元，在制造业中每个工人

的边际劳动产出是 2 单位，那么每个单位的劳动力应该支付的工资是多少？

2d. 如果制造业产品的价格大于农产品的价格（$P_M > P_A$），那么哪个产业的边际劳动产出更高？

2e. 假设你拥有一个制造业工厂。如果制造业产品的价格是每单位 10 美元，工资是 25 美元，每个工人的边际劳动产出是 4 单位，那么你将雇用更多的工人还是更少的工人？或者说你想雇用的工人的确切数量是多少？

2f. 假设相对于农产品来说制造业产品的价格下降了。你预期农业中的边际劳动产出会发生什么变化？

提示

问题 1 揭示了边际产出递减的基本概念。除非你对这个概念非常熟悉，否则不要去参加考试！

在这个特定要素模型中劳动的边际产出递减这个概念所包含的一个重要意义就是生产可能性边界显示出机会成本呈增加的趋势。也就是说，一种产品生产得越多，生产这种产品的机会成本就越高。

问题 3：一个被称为母国的经济体利用资本和劳动生产汽车，利用土地和劳动生产香蕉。劳动可以在这两个产业中流动。母国处于一种非贸易均衡状态，但是它正在考虑与世界上的其他国家进行国际贸易往来。相对于香蕉来说，母国汽车的相对价格高于世界市场上的固定价格。

3a. 画出一个包括生产可能性边界、无差异曲线和国际价格线的图，用这个图表示出从贸易前到贸易后母国的生产和消费是如何变化的。在这个图中指出贸易模式。

3b. 请解释你的图表是如何展示这个国家作为一个整体贸易前和贸易后相比是如何获利或者遭受损失的。

____

3c. 现在假设在这个世界上只有两个国家，母国和外国。这些国家开始没有参与国际贸易，并且外国生产汽车的相对价格要高于母国。如果这两个国家参与国际贸易，那么哪个国家将出口香蕉？

____

3d. 一旦这两个国家参与到贸易中，相对于香蕉而言，哪个国家生产汽车的机会成本更高？____

提示

确定你能够在生产可能性边界上正确地鉴别出生产和消费。这一点是最基本的要求！

在回答问题 3a 时，仔细考虑一下应该如何画出无差异曲线。贸易能够使这个国家获得较高位置的无差异曲线，但是并没有移动无差异曲线。

画这个图时必须认真细心，避免出现无差异曲线相交的情况。

问题 3c 和 3d 的答案证明了一个重要的观点。在不存在贸易的情况下，两个国家生产的机会成本是不同的，然而在存在贸易的情况下，这两个国家的机会成本是相同的。当两个地方生产的机会成本相同时，世界资源将被有效地利用：这时没有一个国家处于低成本或处于高成本水平。

2. 劳动收益

基本概念

贸易对那些依靠自己的劳动获取收入的人们的生活将产生怎样的影响？为了回答这个问题，你必须弄明白贸易对一个工人工资（用 W 来表示）的购买力的影响。这也被称为实际工资。有两种方法去衡量工资的购买力。如果生产的这两种产品是农业产品和制造业产品，那么我们可以用工资除以农业产品的价格（W/P_A）来度量工资的购买力水平，也可以用工资除以制造业产品的价格（W/P_M）来度量工资的购买力水平。

我们来看下面这种情况，考虑一个工人的预算约束。这个工人获得的名义工资是 W（用美元表示），他将 P_A 花费在汽车上，将 P_B 花费在香蕉上，那么他的预算约束方程就是：$W=P_AD_A+P_BD_B$。这个方程被绘制在图 3—2 中。如果 W/P_A 和 W/P_B 都增加，那么这个工人的预算约束线向外移动并且这个工人能够消费的这两种产品的数量更多。如果 W/P_A 和 W/P_B 都减少，那么这个工人的预算约束线向里移动并且这个工人只能消费较少数量的这两种产品。这两种福利措施并没有沿着相同的方向移动，这种情况就使问题变得复杂。图 3—2 中的（b）图展示了这样的情况，在（b）图中 W/P_A 增加但是 W/P_B 减少。

虚线表示的是价格变化之前的预算约束线，实线表示的是价格变化之后的预算约束线。如果这个工人将他的全部收入都花费在汽车上，那么他将从中受益。如果这个工人将他的全部收入都花费在香蕉上，那么他将从中受损。实际的影响依赖于这个消费者相对于香蕉来说对汽车的重视程度有多大。

国际贸易对一个工人实际收入的影响取决于工厂的利润最大化方程和了解劳动力是如何从一个产业流向另一个产业的知识。例如，农业的雇佣方程为：$P_A.MPL_A=W$，这个方程也可以改写为：$W/P_A=MPL_A$。如果农业的雇佣费用增加，那么 MPL_A 就会下降，这样相对于农业产品的价格来说，工人的收入也就下降。如果农业产业的雇佣费用下降，那么 MPL_A 就会上升，这样相对于农业产品的价格来说，工人的收入也就上升。可用同样的方法对制造业产品的实际工资进行分析。

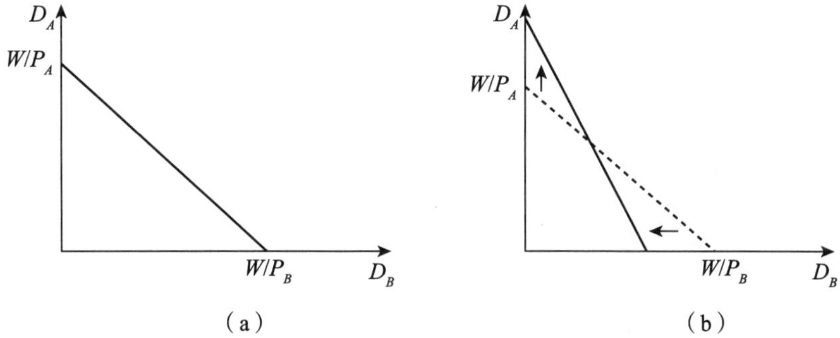

图 3—2　贸易对工人预算约束的影响

关键术语

在关键术语后面的横线上写下你的解释。

实际工资：______________________________

贸易调整救济：______________________________

服务：______________________________

复习题

问题 4：一个被称为母国的经济体利用资本和劳动生产汽车，利用土地和劳动生产香蕉。劳动可以在这两个产业中流动。母国处于一种非贸易均衡状态，但是它正在考虑与世界上的其他国家进行国际贸易往来。相对于香蕉来说，母国汽车的相对价格高于世界市场上的固定价格。

4a. 下面这个图显示了香蕉的实际工资（也就是一单位的劳动力能购买多少单位的香蕉），同时也显示了在无贸易均衡状态下不同产业之间劳动力的分配情况。利用这个图展示在贸易均衡状态下的这些变量。

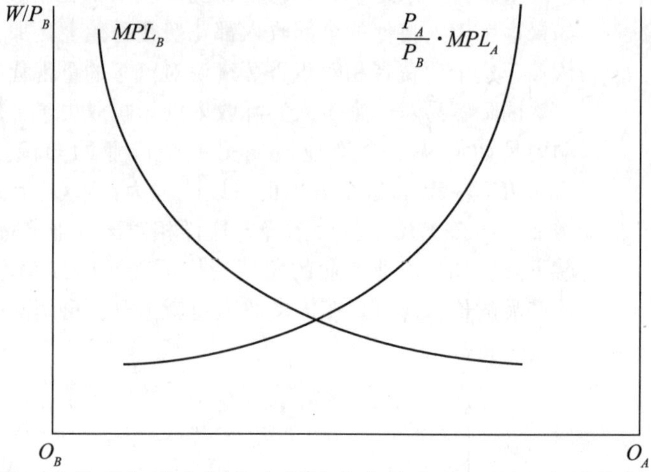

4b. 如果工人将他们的全部收入都花费在汽车上，那么贸易能够使工人的生活变得更加富裕还是更加恶劣？

4c. 如果工人将他们的全部收入都花费在香蕉上，那么贸易能够使工人的生活变得更加富裕还是更加恶劣？

4d. 如果工人将他们的收入花费在这两种产品上，那么贸易对工人的福利会产生什么影响？

提示

在特定要素模型中，贸易对劳动这个流动要素的影响总是模糊的，因为在不同产业之间，劳动的流动会使缩减产业的边际产出增加，会使扩展产业的边际产出减少。

请注意：当用所有的名义变量（工资、边际产出价值等）除以香蕉的价格 P_B 时，问题 4 中的边际产出图就被重新改写了。当另外一种产品的价格固定时，一种产品的相对价格的变化对实际变量的影响和这种产品的名义价格变化给实际变量带来的影响一样。换句话说就是，在固定 P_B 的情况下 P_A 的增加所产生的结果和在固定 P_A 的情况下 P_B 的下降所产生的结果是一样的。关键的区别就是用这种方式如何画出这个图。每种产品价格的变化只会影响与相对价格 P_A/P_B 相关的曲线。一个很好的练习题就是重做问题 4 并包括汽车的所有价格。

问题 5：将工人的流动性考虑在内，思考下面的问题。

5a. 假设一个国家的工资水平如下：在一个产业是每小时 15 美元，在另一个产业是每小时 12 美元。请问在这个国家中劳动力是否处于完全流动状态？请解释。

5b. 为什么经常会出现工人在一个新的工作环境中所挣得的工资低于在他之前的工作中所挣得的工资的现象？请对这个问题给出一个解释。

问题 6：假设一个国家利用资本和劳动生产计算机，利用土地和劳动生产郁金香。当这个国家从非贸易均衡状态变为贸易均衡状态时，计算机的价格上升而郁金香的价格没有变化。假设不允许劳动力资源在这两个产业间自由流动。

6a. 贸易对生产计算机的工人的实际收入会产生什么影响？

6b. 贸易对生产郁金香的工人的实际收入会产生什么影响？

提示

问题 5 和问题 6 都说明了劳动要素的流动在特定要素模型中所发挥的作用。因为工人可以在不同产业之间自由流动，所以这里只存在一种工资，弄清楚这个问题很重要。如果存在阻碍劳动力流动的一些原因，比如存在工会或政府施加进入壁垒，那么将会存在两种工资。

3. 资本与土地收益

基本概念

尽管特定要素模型对国际贸易对流动要素的实际收入的影响作出的预测没有太大的说服力，但是它对国际贸易对特定要素的实际收入的影响作出的预测还是有很强的说服力的。国际贸易增加了出口产业特定要素的实际收入，减少了进口产业特定要素的实际收入。这里有一个非常直观的解释。贸易促使出口部门扩大生产，促使进口部门缩减生产。因为对于出口部门来说特定要素的总量是一定的，所以要想扩大生产规模唯一的途径就是在这个部门增加劳动力数量。随着更多的劳动力资源进入这个出口部门，就会有更多的工人使用定量的特定要素，因此这些特定要素就会变得更加有价值。随着劳动力资源退出进口部门，就会有更少的工人使用特定要素，因此这些特定要素就会变得贬值。对于特定要素的边际产出来说，使用这些特定要素的劳动力数量的增加将会使特定要素的边际产出增加。当测量这个部门的总产量时，特定要素的边际产出越高，特定要素的实际收入也越高。

关键术语

在关键术语后面的横线上写下你的解释。

资本租金：____________________

地租：____________________

名义保护系数：____________________

复习题

问题 7：两个国家：母国和外国，利用资本和劳动生产汽车，利用土地和劳动生产香蕉。劳动要素可以在这两个产业之间流动。下面这个图显示的是两个国家的无贸易均衡状态。

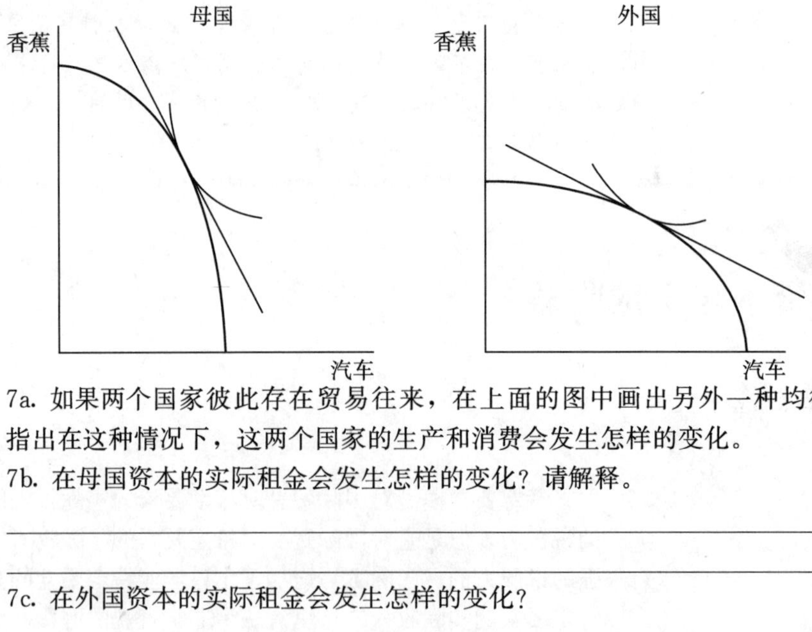

7a. 如果两个国家彼此存在贸易往来，在上面的图中画出另外一种均衡状态。指出在这种情况下，这两个国家的生产和消费会发生怎样的变化。

7b. 在母国资本的实际租金会发生怎样的变化？请解释。

____

____

7c. 在外国资本的实际租金会发生怎样的变化？

____

____

7d. 在母国土地的需求发生了什么变化？

____

____

7e. 如果赢家无成本地补偿输家，那么这些国家是否会自由地参与贸易？

____

提示

当用于生产的要素比率发生变化时，这也就意味着：(1) 每种要素的边际产出发生了变化；(2) 一种要素的边际产出的变化方向和另外一种要素的边际产出的变化方向是相反的。如果资本和劳动要素被用于生产中，资本/劳动的比值增加，那么劳动的边际产出上升（也就是每个工人使用更多的机器），资本的边际产出下降（也就是说每个机器所带动的工人越少）。

因为当产品价格发生变化时，在生产中所用到的不同要素的边际产出的变化方向是相反的，所以这些要素的收入也就沿着相反的方向变化。在存在特定要素的世界里，贸易一直都是存在争议的。

特定要素就是只能用在那个产业的生产中的一种必需品。在教科书中，土地对于农业来说是特定要素，资本对于制造业来说是特定要素。事实上，存在很多种要素对于一个产业的生产来说都是特定要素。机器被设计出来用于生产，这对某个产业来说也是特定要素。工人的技能也可以被看做是产业所要求的特定要素（比如糕点师傅所具有的没办法由法律强制执行的工艺技术）。

第 4 章　贸易与资源：赫克歇尔-俄林模型

概　述

这一章概述了国际贸易中的一个长期模型的结构，这个模型将一个国家的要素禀赋与它的贸易模式联系在一起。这个模型是以经济学家伊莱·赫克歇尔和伯蒂尔·俄林的名字命名的，这个模型被称为赫克歇尔-俄林模型，在 19 世纪末期，他们寻求了解国际贸易的快速增长的特点而创造了这个模型。这个模型是根据一个国家的要素禀赋来预测这个国家的贸易模式，同时这个模型也用来预测国际贸易是如何影响一个国家的资本和土地的所有者的实际收入的。正如在特定要素模型中显示的那样，一个国家能够从贸易中获益也就是说这个国家能够消费更多的产品，但是这个国家中的一部分（也可能是大部分）人发现他们的实际收入却是减少的。这一章总结了两点内容，一是关于这个模型对世界贸易模式的解释能力的评估，另一个是讨论这个模型如何能够改善它的预测能力。

1. 赫克歇尔-俄林模型

基本概念

典型的赫克歇尔-俄林模型是：在一个世界中包括两个国家，生产两种产品，拥有两种要素。为了方便起见，我们称这两种要素为资本和劳动，称这两个国家为母国和外国。这两种产品在它们的生产中都使用资本和劳动要素，并且这两种要素能够从一个产业向另一个产业自由地流动。也就是说这是一个长期模型。(很容易想象在短期内这些要素在它们的产业生产中会出现短缺的现象。）在要素密集度问题上，关键的一点就是这两种产品彼此之间存在差异（不考虑消费者如何使用这两种产品）。

要素密集度是一个值得复习的重要概念。假设计算机和鞋的生产过程都要用到资本（K）和劳动（L）这两种要素。一单位资本的现行市场利率是 R，一单位劳动的现行市场利率是 W。图 4—1 显示了计算机和鞋这两个产业对劳动的相对需求量。

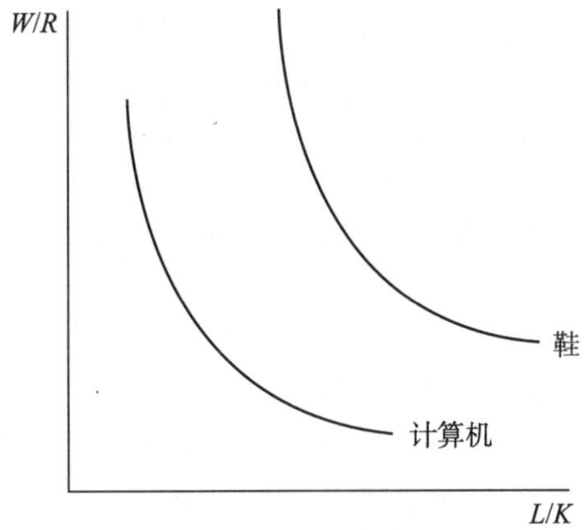

图 4—1　要素密集度

用于生产这两种产品的技术允许工人在这两种要素之间的使用上采取一定程度的替代性。因此，当 W 相对于 R 上升时，这两个产业中的企业能够采取混合式的投入方式，这种方法的特点就是投入相对少量的劳动 L，投入相对多的资本 K，如图 4—1 所显示的那样。我们可以说与计算机相比鞋属于劳动密集型产品，这是因为不管在要素市场上 W/R 的水平多么高，劳动与资本的比率在生产鞋的企业中都会高于生产计算机的企业。另外，我们可以说相对于鞋来说，计算机属于资本密集型产品。

不同产品的要素密集度不同是很重要的一个假设条件，因为它告诉我们关于一个国家生产可能性边界的斜率的一些信息。第一，因为产品的要素密集度不同，这个生产可能性边界是凹形的（或者是凸形的），如图 4—2 所示。

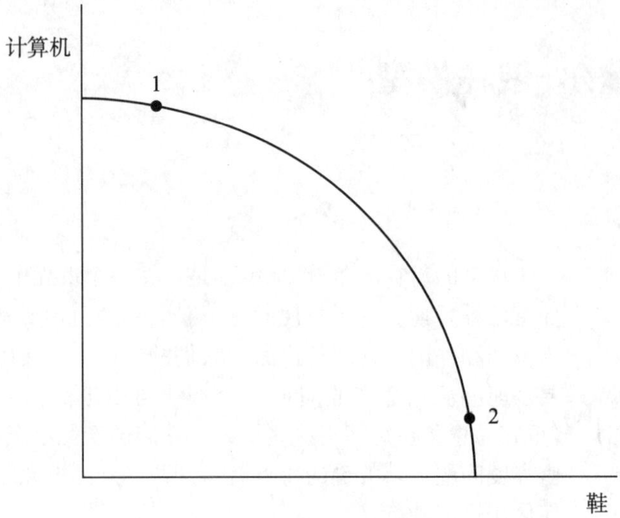

图 4—2 生产可能性边界

为了说明生产可能性边界为什么是凹形曲线，思考在产业之间重新分配资本和劳动要素所带来的结果。例如在图 4—2 中的点 1，这个国家的要素几乎全部用来生产资本密集型产品计算机。在点 1 处生产鞋的机会成本是很低的，因为从计算机的生产过程中抽出大量的劳动力和少量的资本，就能生产出大量的鞋，此时计算机产量的减少额度是很小的。当我们从点 1 移动到点 2 时，大部分的劳动力可以从计算机的生产中解放出来，这样要想扩大鞋的生产规模，只能依靠从计算机产业中抽出大量的资本和少量的劳动来实现。这样的结果就是作为劳动密集型产业的鞋业产量的增加量会很小，作为资本密集型产业的计算机产量的减少量会很大。

第二个关于要素密集度不同的产品的重要假说就是改变一个国家的要素禀赋对这个国家生产可能性边界的斜率产生的影响。假设我们将要把资本增加到一个国家的禀赋中去。因为这个国家拥有大量的要素存储量，又因为这两种产品的生产都需要这两种要素，那么生产可能性边界向外移动：这两种产品的产量都会增加。然而，因为计算机是资本密集型产品，鞋是劳动密集型产品，因此生产可能性边界向计算机方向移动的幅度更大，如图 4—3 所示。

这两个国家除了它们的要素禀赋以外，其他任何条件都相同。它们拥有相同的偏好和技术，但是它们的要素丰裕程度不同。要素丰裕是由资本和劳动的比率来衡量的（或者是劳动和资本的比率）。资本丰裕的国家表示在它的要素禀赋中，资本与劳动的比率要高于劳动丰裕的国家，而在劳动丰裕的国家里，劳动与资本的比率较高。从上一段的讨论来看，这就是说这两个国家的生产可能性边界在系统上存在差异：资本丰裕国家的生产可能性边界向资本密集型产品方向倾斜，而劳动丰裕国家的生产可能性边界向劳动密集型产品方向倾斜。当计算机的相对价格相同时，资本丰裕的国家将提供比劳动丰裕的国家相对较多的计算机和相对较少的鞋，而劳动丰裕的国家将提供比资本丰裕的国家相对较多的鞋和相对较少的

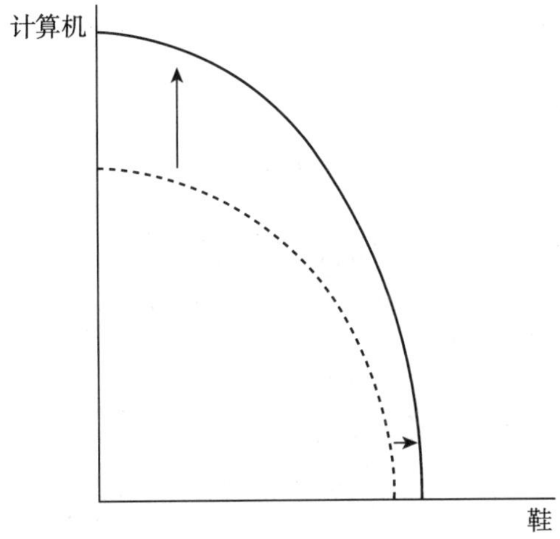

图 4—3　资本存量的增加对生产可能性边界的影响

计算机。因为这两个国家有相同的偏好，它们将消费的这两种产品的比率是相同的。这就意味着在一个贸易均衡状态下，资本丰裕的国家将出口资本密集型产品，劳动丰裕的国家将出口劳动密集型产品。这就是赫克歇尔-俄林定理。

赫克歇尔-俄林模型的预测听起来直觉上比较可靠，实际上这个模型在解释贸易模式时还是有一些困难的。大量实证研究都表明这样包括两个国家、两种产品、两种要素的模型在预测贸易模式时效果并不是很好。在这些研究中最著名的就是里昂惕夫悖论。记住设计出这个模型是为了将国际贸易存在的一个可能原因隔离出来，这个原因就是世界要素的不均衡分布。当这个模型不能解释国家间的贸易模式时，就说明这个模式忽略了我们生活在其中的这个真实世界的一些重要特征。

关键术语

在关键术语后面的横线上写下你的解释。

赫克歇尔-俄林模型：____________________

自由贸易均衡：____________________

要素密集度逆转：____________________

要素丰裕：____________________

要素稀缺：____________________

赫克歇尔-俄林定理：____________________

里昂惕夫悖论：____________________

复习题

问题 1：两个国家包括母国和外国，两种要素包括资本和土地，两种产品包括鞋和计算机。

1a. 鞋和计算机的生产都要使用资本和劳动。利用下面这个图，画出鞋和计算机之间要素密集度的逆转曲线。

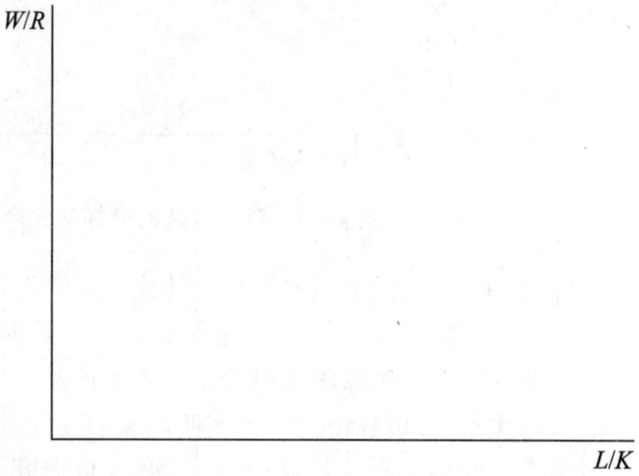

1b. 母国拥有 200 单位的资本和 100 单位的劳动。外国拥有 100 单位的资本和 40 单位的劳动。哪一个国家是资本丰裕的国家？

提示

当要素丰裕给定时，有时很容易区分（或者在考试中作答）要素密集度，反之亦然。这样一条提示很可能让你在考试中取得比较低的成绩，所以坚决不要这样做！

问题 2：这个世界包括两个被称为母国和外国的国家。母国和外国生产计算机和鞋，两国都使用资本和劳动。计算机相对于鞋来说是资本密集型产品。我们并不知道每一个国家的要素禀赋是多少，但是我们知道在非贸易均衡状态下，计算机的相对价格在母国要高于外国。

2a. 哪一个国家是资本丰裕的国家？

2b. 在非贸易均衡状态下，哪一个国家生产计算机与鞋的比率更高？

问题 3：这个世界包括两个被称为母国和外国的国家。母国和外国生产飞机和衬衫，两国都使用资本和劳动。飞机相对于衬衫来说是资本密集型产品，外国相对于母国来说属于资本丰裕国家。所有关于赫克歇尔-俄林模型的假设条件全

部成立。

3a. 哪一个国家出口衬衫？

3b. 母国消费者购买衬衫的数量比购买飞机的数量多一倍。外国消费衬衫与飞机的比率是多少？

3c. 假设外国的资本禀赋增加了。在世界市场上，相对于衬衫来说，飞机的相对价格会发生什么变化？利用下面的图回答你的问题。

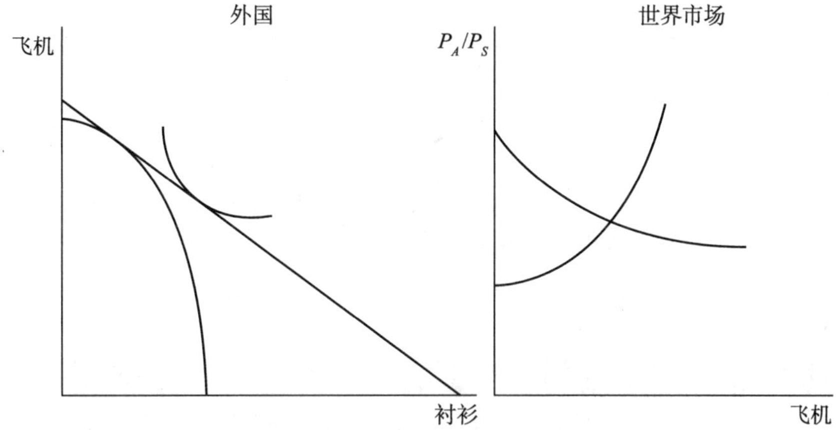

3d. 假设外国的资本禀赋增加。母国的国民福利会发生什么变化（它的无差异曲线能够到达一个更高水平吗）？

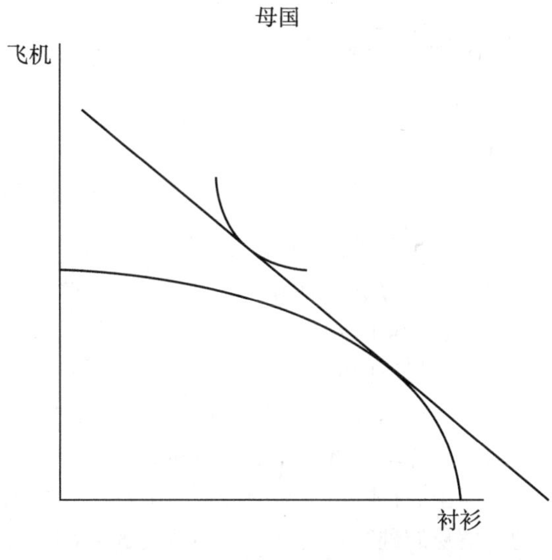

问题 4：在赫克歇尔-俄林模型中的一个重要假设条件就是这两个国家的偏好是相同的。假设母国和外国的偏好不同。如果偏好不同，那么对于像外国这样

的一个资本丰裕的国家来说能否出口像衬衫这样的劳动密集型产品？如果可以，那么请在下面的空间上画出一个包括母国的生产可能性边界和无差异曲线，同时包括外国的生产可能性边界和无差异曲线的图。

问题 5：考虑赫克歇尔-俄林模型的假设条件。这些假设条件中的哪三个错误假设能够解释里昂惕夫悖论？

提示

问题 4 和问题 5 证明了关于这个模型的一个重要的假设。改变这个假设将会改变这个模型的预测结果。

2. 贸易对要素价格的影响

基本概念

现在我们考虑由国际贸易所引起的产品价格的变化对长期赫克歇尔-俄林模型中的要素价格的影响。正如在特定要素模型中那样，国际贸易能够引起一些要素所有者的实际收入发生变化，在这个模型中同样会发生这样的变化，有些要素所有者发现他们的实际收入上升，有些要素所有者发现他们的实际收入下降。长期的赫克歇尔-俄林模型与特定要素模型相比，在预测类型方面还是存在很大差异的。在特定要素模型中，国际贸易对实际收入的影响在不同产业之间还是存在一定鸿沟的：随着贸易的进行，出口产业的特定要素的实际收入是增加的，但是随着贸易的进行，进口产业的特定要素的实际收入是减少的。在赫克歇尔-俄林模型中不存在特定要素。然而，斯托尔珀-萨缪尔森定理包含的一个关键的含义就是居住在要素丰裕国家中的要素所有者能够从国际贸易中获利，然而居住在要素稀缺国家中的要素所有者要从国际贸易中受损。单个个体会发现在短期内他拥有的对于进口产业来说的特定要素的实际收入是降低的，但在长期内他拥有的丰裕要素的实际收入是上升的，出现这样的情况是可能的。

为了弄清楚斯托尔珀-萨缪尔森定理中所包含的经济学原理，考虑图 4—2。鞋的相对价格的增长将鞋的产量从点 1 移向点 2。鞋的产量的增加是以计算机的产量减少为代价的。但是因为生产鞋需要投入大量的劳动和少量的资本，生产计算机需要投入大量的资本和少量的劳动，因此缩减计算机的产量能够释放出大量的资本和少量的劳动。这就是为什么 W/R 不得不上升以便让企业使用更少的劳动和更多的资本。因为两个产业中的企业增加了在它们的生产中所使用的资本与劳动的比率，所以在这两个产业中劳动的边际产出增加了，资本的边际产出减少了。当鞋的相对价格下降时，就会出现与上面情况相反的结果。

关键术语

在关键术语后面的横线上写下你的解释。

斯托尔珀-萨缪尔森定理：________________________________

复习题

问题 6：图 4—4 展示的是一个国家的相对需求曲线。*RD* 代表相对需求，*RS* 代表相对供给。这两个产业是计算机产业和鞋业。

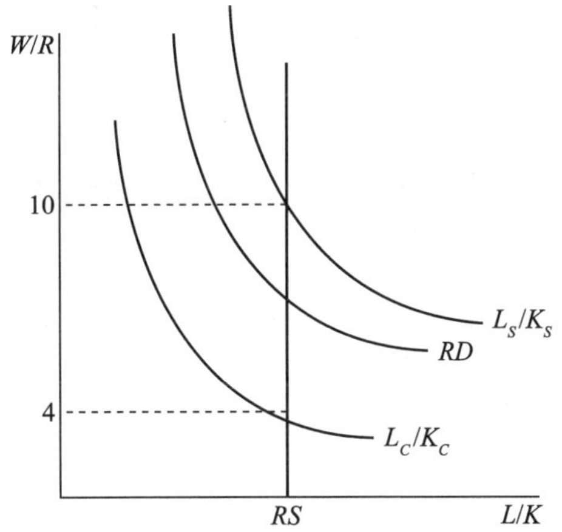

图 4—4　相对需求

6a. 在这个经济体中，我们所能观察到的最高相对工资是多少？

____

6b. 什么因素能够引起这个国家的劳动的相对需求曲线向上移动？

____

6c. 假设劳动的相对需求曲线向上移动。在每个产业的生产中所使用的劳动与资本的比率会发生什么变化?

问题 7：Ubetcha 是一个虚构的国家，下面我们对这个国家进行实时探测。Ubetcha 生产汽车和帽子这两种产品，使用资本和劳动这两种要素。汽车相对于帽子来说是资本密集型产品。这个国家在很长一段时期内都与世界贸易相隔离，但是现在正在考虑加入自由贸易。这个国家的顶级经济学家去国外旅行，发现他们国家的汽车的相对价格比世界市场要低。赫克歇尔-俄林模型的所有假设条件都成立。

7a. 假设这个国家即将与世界上的其他国家进行自由贸易。被 Ubetcha 国家的工人用来生产汽车和帽子的资本与劳动比率会发生怎样的变化?

7b. 如果 Ubetcha 与世界上的其他国家进行了自由贸易，那么在汽车和帽子产业中资本的边际产出会发生什么变化?

7c. 假设 Ubetcha 有一个组织，这个组织是该国的一个资本家联盟，简称为 UUC，这个组织代表了这个国家中资本要素所有者的利益。这个组织是支持自由贸易的观点还是反对自由贸易的观点? 请解释。

问题 8：1992 年美国的全国选举研究调查项目发现与学历低的工人相比，学历越高的工人越有可能支持自由贸易的观点。

8a. 假设美国是一个相对来说技能发达的国家，那么这一论断与赫克歇尔-俄林模型是否一致? 请解释。

8b. 假设对一个技能匮乏的国家问了同样的问题，那么赫克歇尔-俄林模型预测工人的反应是什么样的?

问题 9：假设这个世界是一个幅员辽阔、充满和谐气氛的国家，这个国家利用资本和劳动要素生产甜甜圈和沙发。沙发相对于甜甜圈来说属于资本密集型产品。这个国家不存在国际贸易。下面的这些问题是相互联系的。

9a. 假设这个世界被分为两个相同的国家（这两个国家分别称为母国和外国），也就是说，这两个国家拥有相同数量的劳动要素和资本要素。在这两个国家之间存在任何的移民动机吗（换句话说劳动要素会发生流动现象吗）? 请解释。

9b. 现在假设一些资本要素从外国流向母国，那么母国相对外国来说就是资本丰裕的国家。这时依然不允许进行贸易往来。每一个国家中的劳动的实际收入会发生什么变化 ?

9c. 如果劳动能够在国家间自由流动，它们会选择怎样的流动方式?

9d. 移民对于母国和外国的劳动者的实际收入会产生什么影响？

9e. 如果你是母国的一个资本要素所有者，那么你会倾向于移民行动吗？请解释。

提示

请注意在问题9中，国际贸易是不允许的但是移民是被允许的。这个问题显示出贸易和移民对收入分配的影响是相似的。

问题 10：你是一个善良但是相对来说过度热情的人，鲍勃想让你和发展中国家签订一份禁止贸易往来的意向书。他声称贸易将会促使发展中国家扩大劳动密集型产业的规模，这样的产业也就是靠血汗来发展的产业，这样就会降低发展中国家工人的福利水平。赫克歇尔-俄林模型是否能够准确地揭示贸易给发展中国家的工人带来损失这一现象？

问题 11：可能已经被里昂惕夫发现但还没有被称为悖论的结果有什么类型？

3. 赫克歇尔-俄林模型的扩展

基本概念

对一个只包括两种产品、两种要素和两个国家的世界进行分析是相对简单的。但是不幸的是，这个世界并没有那么简单，我们还是尽早地将从赫克歇尔-俄林模型中学到的知识恰当地运用到对这个真实世界的分析过程中。幸运的是，将赫克歇尔-俄林模型扩展到多种产品、多种要素和多个国家并不是一件很难做到的事情。为了实现这个过程，我们需要给要素丰裕度一个新的定义。一个国家中一种要素的相对丰裕度是通过这种要素在世界要素禀赋中所占的份额与这种要素在世界收入中所占的份额比较的结果来衡量的。如果每个国家的偏好相同，那么每个国家都会消费相同比率的产品。一种要素的服务可以被看成是体现在我们所消费的产品中，从这个意义上也就是说大量的劳动和机械时间都被投入到最终产品中。因此，消费者消费产品的过程可以被认为是间接地消费要素服务的过程，又因为产品能够参与贸易，所以要素服务也就可以参与到贸易中来。

例如，如果美国的国内生产总值（GDP）占世界生产总值的26.6%，那么它应该消费这个世界产品总量的26.6%，消费资本服务总量的26.6%（即将资本投入到产品生产过程中所花费的时间），消费劳动服务总量的26.6%，等等。如果美国拥有50.7%的世界研发科学家，那么美国向世界上其他国家出口的产品比美国从世界上其他国家进口的产品投入的研发服务更多。

我们可以通过计算生产所有产品的投入量，然后利用贸易数据推算每种产品所投入的要素服务量，进而就可以测量贸易的要素含量。这就是赫克歇尔-俄林模型扩展定理的观点。这个定理对考察真实世界的贸易模式是最合适的。

我们所讨论的赫克歇尔-俄林模型的另外一个问题就是它假定任何地方的技术水平都是相同的。每个地方的要素价格是相同的或者说每个地方的技术水平是相同的，这样的观点显然是不正确的，并且这两种差异性很可能是相联系的。如果A国工人的产出能力是B国工人产出能力的2倍，那么我们在如何衡量一个国家的劳动禀赋这个问题上就要格外小心。这个说法就是衡量一个国家的有效劳动力，并且这个观点在很多年前就被里昂惕夫想到了。更普遍的现象是，在某种方式下不同国家之间的所有要素的生产率可能存在差异，这个观点违背了赫克歇尔-俄林扩展模型的预测结果。如果对一个给定国家的要素生产率进行控制，那么这个模型对数据的分析效果会比较好。

关键术语

在关键术语后面的横线上写下你的解释。

赫克歇尔-俄林扩展定理：____________________

出口要素含量：____________________

进口要素含量：____________________

有效劳动力：____________________

有效要素禀赋：____________________

有效要素丰裕：____________________

有效要素稀缺：____________________

符号检验：____________________

复习题

问题12：假设母国拥有15%的世界资本，拥有7%的世界劳动，拥有5%的世界耕地，拥有10%的世界生产总值。

12a. 赫克歇尔-俄林扩展模型对母国净出口的劳动要素含量的预测结果是怎样的？

____

12b. 假设母国工人比世界上其他国家的工人得到的工资要多。为什么你希望在度量母国净出口劳动要素含量时符号检验会失效？

____

12c. 一个国家能否出现在所有要素上都处于稀缺状态的现象？

____

提示

一个模型不能预测现实并不能说这个模型是错误的。即使一个模型不能很准确地预测现实，如果有人可以鉴定出那些前提假设是使这个模型不能很好表现的罪魁祸首，那么这个模型还是很有价值的！关于赫克歇尔-俄林扩展模型的经验研究表明，这个关于国家之间技术水平相同的假设是不恰当的。

第 5 章 国家间的劳动力与资本流动

概 述

这一章分析了国家间的要素流动对以下几个方面产生的影响：(1) 以工资、租金等形式表现出来的要素收益；(2) 国家之间的生产方式；(3) 全球产出量的规模。考虑下面两种类型的要素流动方式：移民（劳动力要素的流动）和对外直接投资（资本要素的流动）。为了分析移民和对外直接投资的短期影响，我们使用第 3 章介绍的特定要素模型。为了分析要素流动的长期影响我们使用第 4 章介绍的赫克歇尔-俄林模型。为了使分析简单化，无论是短期还是长期，我们都假定产品的国际价格是固定不变的。

这一章包含的一个重要观点就是要素移动对要素收益的短期影响和长期影响是不同的。从短期来看，移民和对外直接投资改变了要素之间收益的分布情况，但是从长期来看，移民和对外直接投资对实际收入是没有任何影响的。要素移动对生产方式的影响从短期来看和从长期来看也存在差异。这一章通过考虑要素流动所带来的收益得出以下结论：移民和对外直接投资都能够使得世界资源得到更有效的利用，因此在给定世界资源总量的前提下，移民和对外直接投资都能够促进世界获得更高的产品产出量。

1. 国家间的劳动力流动：移民

基本概念

移民促使劳动力的供给在一个地方下降而在另一个地方上升。因此，移民对不同要素的实际收入和每个产业的产出量的影响被视为国家间劳动要素禀赋的改变。这个经济体是如何消化和吸收新进入的劳动力的？它对这个国家的人们的生活会带来什么影响？这个问题的答案依赖于一个人是从短期来考虑还是从长期来考虑。在短期内，要素在产业之间的流动是受限制的，但是在长期内要素在产业之间是完全流动的。

因为特定要素模型是在限制要素在产业之间流动的假设条件下建立的，所以这个模型适合用来分析移民的短期影响。结合第 3 章来看，这些特定要素是指土地和资本，并且劳动力被称为流动要素。（当然，特定要素也可以换成资本和土地的其他类型。）为了使分析尽可能简单，我们假设这个国家在固定的价格水平下能够和世界上其他国家自由进行贸易活动。

在特定要素模型中，新的劳动力必须被这两个产业消化掉。当一个工人被一个产业雇用后，这个产业的边际劳动产出必然下降，这是因为在这样的情况下每个工人的特定要素会减少。因为价格是固定的，边际劳动产出的减少必须依靠这个产业中实际工资的减少来实现。如果所有的工人都只进入一个产业，那么这个产业工人的工资水平会低于另一个产业的工资水平。因此，在这两个产业中，劳动力要素必须完全被吸纳。其余经济变量的变化是由这两个产业中所雇用的劳动力的增加所引起的。第一，因为有更多的要素投入到生产中，所以这两个产业的产出量一定会增加。第二，因为特定要素的数量不变，但是却有更多的劳动要素，所以这两种特定要素的边际产出一定增加。因此，移民增加了特定要素的实际收入。

一个国家从长期来看是如何消化和吸收增加的劳动要素禀赋的？这有两种途径，我们将在教材的一个特例中进行讨论。假设有两个产业 A 和 B。产业 A 相对于产业 B 来说属于劳动密集型产业。这个国家被赋予 $\overline{K}$ 单位的资本和 $\overline{L}$ 单位的劳动。因为所有的要素都将被使用到生产过程中，我们就得到以下等式：$\overline{K}=K_A+K_B$ 和 $\overline{L}=L_A+L_B$。在第 4 章中，我们了解到这样的情况：劳动的相对供给和劳动的相对需求必须相等。劳动的相对需求也就是每个产业的劳动的相对需求的加权平均，可以写成以下形式：

$$\frac{\overline{L}}{\overline{K}}=(K_A/\overline{K})(L_A/K_A)+(K_B/\overline{K})(L_B/K_B)。$$

从这个表达式中，我们可以看到由于移动所引起的劳动禀赋的增加可以通过增加每个产业的劳动与资本的比率（L_A/K_A 和 L_B/K_B）或者通过增加劳动密集型产业的相对需求的权重（增加 $K_A/\overline{K}$ 和减少 $K_B/\overline{K}$）的途径来消化和吸收。

从上面得出的结论就是，从长期来看第一种途径对消化和吸收新的劳动力没有起到什么作用。只要产品的价格保持不变，每个产业中所使用的劳动与资本的比率是不会改变的。这个结果很难正式地展示出来，但是我们能够提供一些直觉上的看法。从一组固定的产品价格中所得出的关键点就是：(1) 在劳动的边际产出价值相同的两个产业中，每个产业的资本与劳动的比率都是相同的；(2) 在这两个产业中资本的边际产出价值也是相同的。从短期来看，产业之间资本的租金可以不同（考虑特定要素模型），这样两个产业中的雇用量就会增加，但是从长期来看并非如此。从长期来看，劳动力资源只能通过增加劳动密集型产品的产量和减少资本密集型产品的产量的方式被这个经济体所吸收。

我们来看一下如何改变产量的组合才能够吸纳增加的劳动力，思考下面这个计算的例题，用这个例题替换盒形图。假设产品 A 的生产需要 1 单位的劳动和 1 单位的资本，而产品 B 的生产需要 1 单位的劳动和 5 单位的资本。如果 Q_A 表示产品 A 的产量，Q_B 表示产品 B 的产量，那么如果所有的要素都被用来生产，我们就会得到下面的等式：

$$\overline{K}=5\times Q_B+1\times Q_A$$

和

$$\overline{L}=1\times Q_B+1\times Q_A$$

做一个简单的代数运算，我们发现：

$$Q_A=\frac{5\overline{L}-\overline{K}}{4}，Q_B=\frac{\overline{K}-\overline{L}}{4}$$

从这两个表达式中可以清楚地看出：劳动禀赋的增加将会增加劳动密集型产品 A 的产量，同时减少资本密集型产品 B 的产量。这个例题证明了雷布钦斯基定理和要素价格不敏感性结果。当产品的价格固定不变时，无论什么原因所引起的要素禀赋的改变都会导致这个国家的产量组合发生变化，而不是这个国家的要素价格发生变化。

关键术语

在关键术语后面的横线上写下你的解释。

特定要素模型：______________________________

雷布钦斯基定理：____________________________

要素价格不敏感性：__________________________

复习题

问题 1：考虑母国生产制造产品 M 和农业产品 A。M 的生产过程会用到资本和劳动要素。A 的生产过程会用到土地和劳动要素。（当然这是一个从短期来考虑的问题。）劳动力在产业之间是完全流动的。假设这个国家在固定的价格水平上（P_M 和 P_A）和世界上的其他国家进行贸易往来。最初，这个国家的工资水平和世界上的其他国家的工资水平是相等的。

1a. 假设这个国家的土地禀赋增加。土地禀赋的增加会对工资 W 产生什么影响？利用下面给出的这个图将你的答案展示出来。

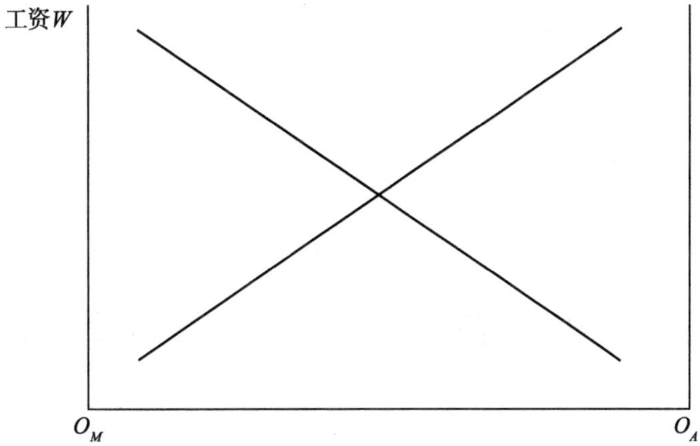

1b. 假设母国的工资水平比世界上其他国家的工资水平高，这样外国的劳动力资源将流向母国。劳动力资源的增加对母国的工资水平会产生什么影响？利用下面给出的这个图将你的答案展示出来。

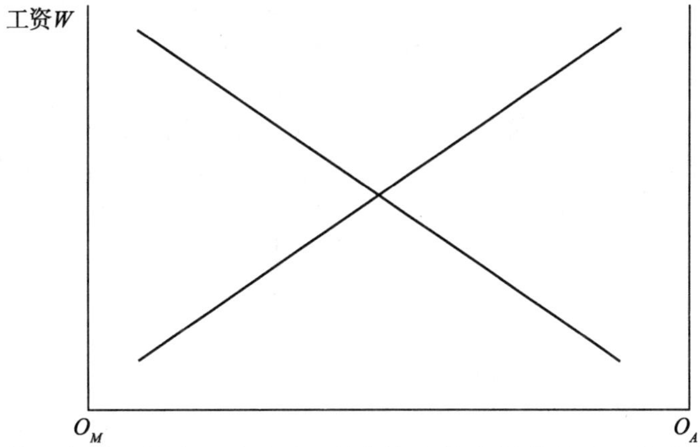

1c. 由外国向母国的移民对母国一单位资本的实际收益和一单位土地的实际收益会产生什么影响？

1d. 利用下面的坐标轴，展示出国家之间的移民是怎样影响两种产品的产量的。请解释你所画出的图。

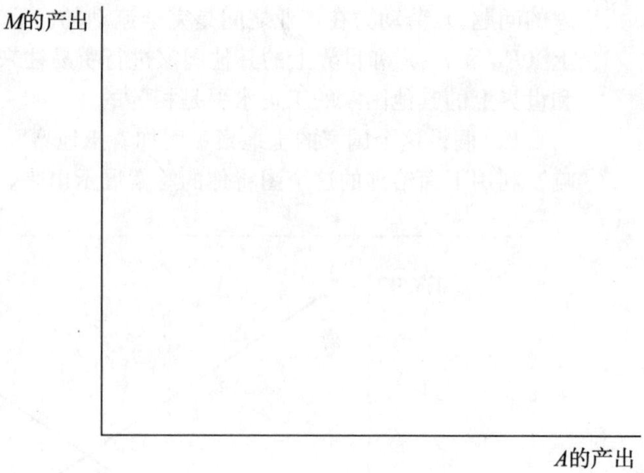

提示

理解为什么增加一种特定的要素将会使使用这种要素进行生产的产业的边际劳动产出增加是非常重要的。

当流动要素禀赋的存量变化时，经常会发生下面这样的情况：从短期来看两种产品的产量和两种特定要素的实际收益会沿着同样的方向发生变化。然而，在没有其他信息的条件下，我们不能判断哪个产业受到的影响更大。

当扩大劳动力的规模时，是否移动坐标轴 O_M 或者 O_A 都是无关紧要的事情。

为了使你自己相信你已经真正弄明白这个问题，你最好从反面（也即考虑劳动力减少的情况）来思考问题 1 中包括的所有问题。

问题 2：思考一个国家生产飞机和衬衫这两种产品。在固定的价格水平下这个国家与世界上的其他国家进行贸易。飞机制造者生产 1 单位的飞机需要使用 5 单位的资本和 3 单位的劳动，衬衫制造者生产 1 单位的衬衫需要使用 2 单位的资本和 2 单位的劳动。两种要素在产业间是可以流动的。

2a. 哪种产品属于资本密集型产品？

2b. 假设突然发生了移民（劳动力的流出）。从长期来看飞机产业的雇佣量会发生什么变化？将你的答案展示在下面的盒形图中。

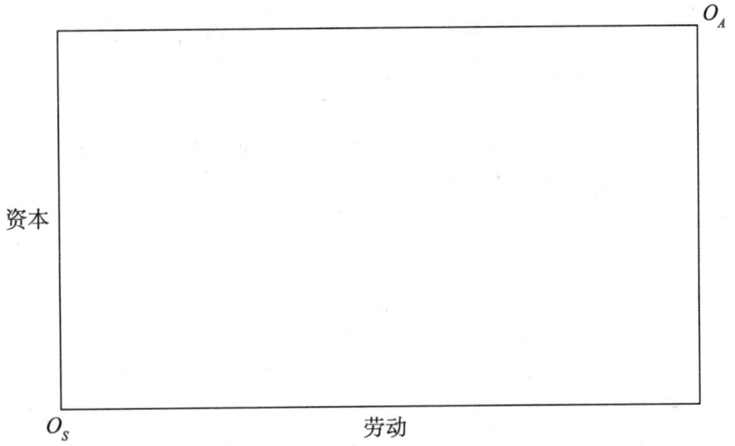

2c. 你能推导一个有关这个国家的产量和它的要素禀赋的公式吗？

____

2d. 利用下面的坐标轴展示出，从长期来看，劳动力的移动是如何改变生产可能性边界的斜率的。请指出劳动力移动之前和移动之后两种产品的产出水平各是多少。

____

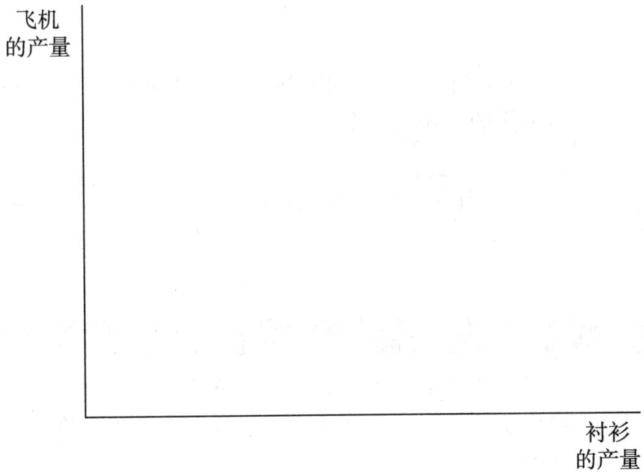

提示

雷布钦斯基定理能够被用来解释为什么生产可能性边界会向这个国家相对要素丰裕的密集型产品方向倾斜。它将有助于说服你自己相信事实就是这样的。

问题 3： 思考一个国家使用资本和劳动两种要素生产计算机和衬衫两种产品。从短期来看，劳动是这个部门特定的要素，因为在这个产业中工人需要具备特殊的技能才能进行有效的生产，但从长期来看，劳动力在产业之间是完全流动的。对于资本来说，无论是在短期内还是在长期内都是完全流动的。在固定的世界价格水平上这个国家参与自由贸易。

3a. 假设有一些生产计算机的工人流入了这个国家。请问移民对这个国家已有的生产计算机和衬衫的工人的实际收入的短期影响是什么？请利用下面的坐标轴解释你的答案。

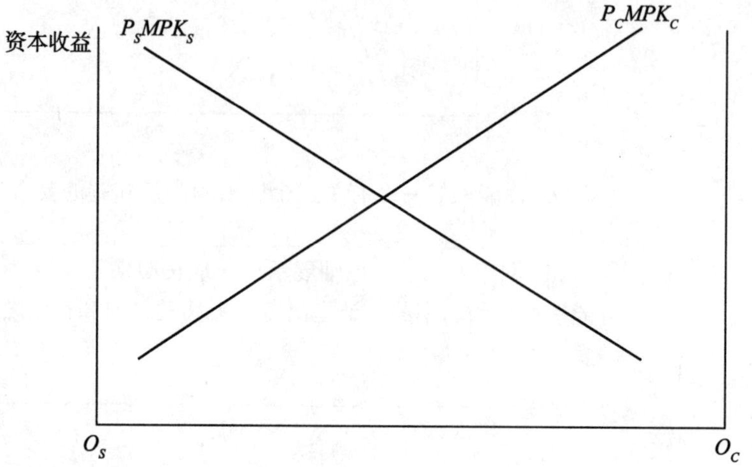

3b. 当工人能够在产业之间自由流动时，从长期来看计算机工人的涌入对实际工资的影响是什么？

3c. 移民对资本的实际收入的短期影响和长期影响各是什么？

提示

经济学家做出的有关技术特点的假设对解释他们如何看待移民的效应问题具有重要的意义。要准确地回答每一个问题，你必须弄清楚哪些要素被假设为可以流动的。

对移民对要素价格的影响的意义做短期内和长期内的对比分析是很重要的。任何一个有关移民对要素价格的影响的论断都依赖于我们生成这样的估计所做出的假设条件。

在这里我们所讨论的例子里，工人具有特殊产业所要求具备的特定技能。这样的假设也许比我们假设部门之间工人可以完全自由流动更接近于现实。通过给要素指定不同的名称，我们能够使用相同的框架去考虑其他现实世界中的问题。

问题 4：用“对”或“错”或者“不确定”来回答下面的问题，并对你的答案进行解释。

4a. 大多数移民都能合法地进入美国这个国家。

____

____

4b. 不管是合法还是非法，几乎所有移民到美国的居民技术含量都很低。

____

____

4c. 迈阿密的产出量对马列尔船只升降事件所做出的反应和雷布钦斯基定理是一致的。

____

____

2. 国家间的资本流动：对外直接投资

基本概念

当一个国家在另外一个国家建立一个生产工厂时，对外直接投资就产生了。如果这个工厂是从零基础建立起来的，那么这个工厂就称为绿地型投资。相反，如果这个工厂是已经存在的，并且这个工厂是在其他公司所有者的名下，那么这种投资称为收购型对外直接投资。这一章更多地关注绿地型投资，因为这样的对外直接投资类型更加符合对外直接投资模型的分析方式。从短期来看，运用一个国家要素禀赋中的资本这个特定要素的增加来构建对外直接投资模型。这个模型所得出的一个重要结果就是一种特定要素禀赋的增加引起对劳动力的需要和这种特定要素实际工资的提高。这两种特定要素的实际租金必须减少。关于这两种产品的产量问题，随着一种特定要素存量的增加，这种要素的产出量也会增加，但是另一个产业的产出量会减少。另一个产业的产出量之所以会减少是因为接受对外直接投资的这个产业规模的扩展将会把工人从农业中吸引过来。

从长期来看，我们假定所有要素在产业间是完全自由流动的，这些产业是以它们的要素密集度为特征的，因此，资本流入的效果和劳动流入的效果是对称的。雷布钦斯基定理和要素价格不敏感性结果都仍然有效。对外直接投资虽然改变了这个国家的产出量，但是从长期来看它对要素价格并没有产生影响。

关键术语

在关键术语后面的横线上写下你的解释。

对外直接投资：______________________________

复习题

问题 5：农产品 A 的生产使用土地和劳动，制造业产品 M 的生产使用资本和劳动。劳动在产业之间是完全自由流动的但是不能够在国家间流动。

5a. 假设这里有母国和外国两个国家，除了母国比外国拥有更多的劳动要素禀赋外，这两个国家的其他条件相同。这两个国家参与了自由贸易。根据给定的情景，对于资本要素来说是否存在国际流动的任何动机？如果存在，资本要素将流向哪个国家？

5b. 假设产品 A 和产品 M 的国际价格不变，资本从外国流向母国。对外直接投资将对母国的产品 A 和产品 M 的产出水平产生什么影响？利用下面的图展示出来。

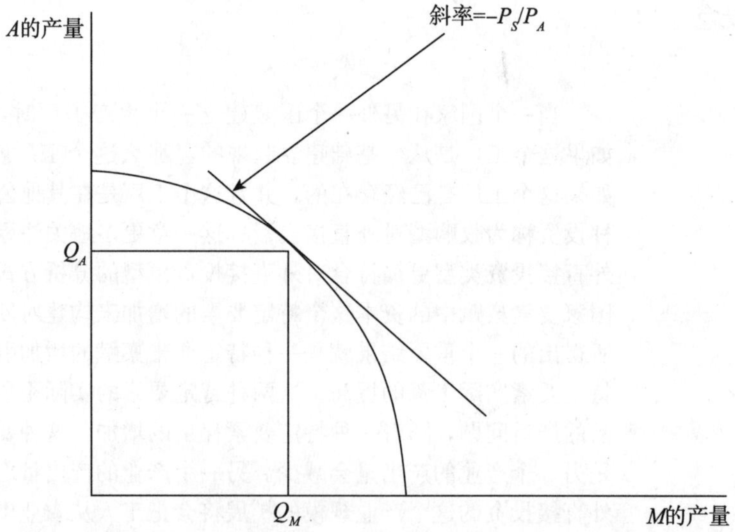

5c. 外商直接投资对母国劳动的实际工资、资本的实际租金和土地的实际租金的影响是什么？

5d. 对外直接投资是如何影响外国劳动的实际收入的？

提示

注意问题 5c 和问题 5d 的答案是不同的。对母国来说有益的要素对外国来说就是无益的，反之亦然。

问题 6：思考这样一个问题，一个国家使用资本和劳动要素生产飞机和衬衫。衬衫相对飞机来说属于劳动密集型产品。劳动和资本要素在产业间是完全流动的。在固定的世界价格水平下，这个国家参与了自由贸易。假设在对外直接投资过程中，生产衬衫的一部分资本被转移到国外。

6a. 从长期来看，资本转移到国外对衬衫的产量会带来什么影响？

____

6b. 对外直接投资对实际工资的长期影响是什么？

____

3. 劳动和资本流动所得

基本概念

迄今为止，这个分析已经突出强调了由于劳动和资本要素的流动而引起的要素禀赋的变化会改变多种要素的实际收入和不同产品的产出量。这些流动是如何影响这些要素流动输出国的国民福利水平的？这些流动又是如何影响这些要素流动输入国的国民福利水平的？为了回答这个问题，记住劳动是从低工资水平的国家流向高工资水平的国家，而资本是从低租金水平的国家流向高租金水平的国家。因为要素价格反映了边际产出的价值，那么要素就从边际产出低的国家流向边际产出高的国家。这意味着要素流动增加了世界整体的产量：这就是要素流动所得。在一般情况下，要素流动的输出国和输入国都会从要素流动中受益，但是相对于整体福利收益来说，要素流动给收入分布带来的破坏性影响是比较大的。

关键术语

在关键术语后面的横线上写下你的解释。

实际增加值：________________________________

复习题

问题 7：有母国和外国两个国家，这两个国家除了母国拥有 100 单位的劳动力资源，外国拥有 200 单位的劳动力资源外，其他条件都相同。鉴于如上所述的母国和外国劳动力的分配情况，母国边际劳动产出的价值是 30，外国边际劳动产出的价值是 20。如果劳动力能够自由流动，那么这两个国家的工资水平是 25。图 5—1 总结了上面的情况。

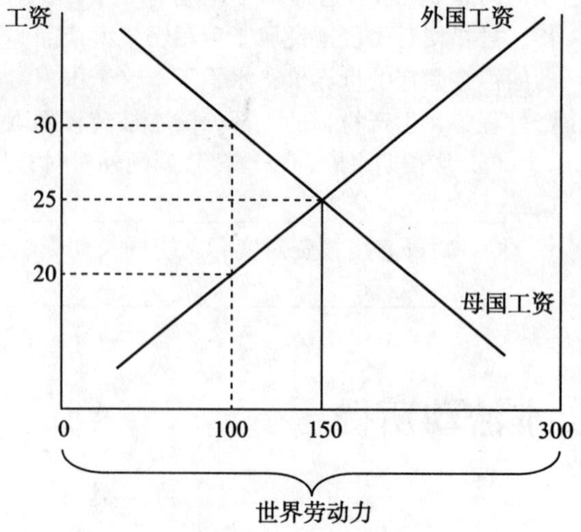

图 5—1　外国和母国的边际劳动产出

7a. 如果国家之间可以进行自由移民，那么母国的产出价值会发生多大变化？

7b. 在允许移民的情况下，母国的国家收益是多少？

7c. 在母国，谁会从移民中受益？受益量是多少？

提示

对从对外直接投资中所得的分析在概念上和对移民所得的分析是相同的。这里只考虑了资本的边际产出和租金，而没有考虑土地的边际产出和工资。你可以重新恰当地定义有关对外直接投资的所有变量，然后回答问题 7。

问题 8：为什么年轻人比老年人更可能参与移民？

第 6 章　规模收益递增与不完全竞争

概　述

这一章是以美国进口和出口高尔夫球棒这样一个真实的贸易模式的例子开头的。这个贸易模式的两个方面不能通过之前章节所介绍的相对优势模型来解释。首先，美国同时从多个国家以不同的价格进口高尔夫球棒。其次，美国向许多国家出口高尔夫球棒，同时也从这些相同的国家进口高尔夫球棒！国家之间对相同产品的产业间贸易或者称为双向贸易是无孔不入的，这种贸易发生在针对多种产品的许多贸易伙伴中。

这一章介绍的那些基于不完全竞争假设建立的模型，有助于我们对贸易模式的理解，提供了有关贸易所得的新见解。这一章的核心就是垄断竞争下的贸易模型。垄断竞争产业中的企业对差异性产品所拥有的特定品牌或者特定品种具有垄断性。但是，这存在一个竞争因素，也就是说一个企业生产的品种的需求量依赖于其他企业的行为。企业生产它们所特有的品种时利用了规模收益递增的技术。企业要面对固定产品开发成本和产品的不变的边际成本，所以随着它们生产的产品的产量增加，它们的平均成本下降。

垄断竞争模型所做出的预测和基于比较优势建立的模型的预测结果是不同

的。关于贸易模式，这个模型对相似国家之间的产业内贸易进行预测，并提出了引力方程，这个方程对国家间贸易量进行了准确的预测。关于贸易所得，这个模型通过分析哪种贸易模式影响国民福利问题后鉴别出两种途径。国际贸易扩展了能够被消费者所购买的品种的范围，并且允许企业通过扩大它们的合作范围来更好地利用规模经济效益。

这一章基于不完全竞争假设建立了一个替代模型。这个模型不是假设产品是存在差异的，而是假设产品是同质的。这个模型显示出不完全竞争能够解释倾销这个普遍的现象，在倾销过程中，一个企业能够在外国市场上索取比母国市场上更低的价格。最后，这个模型显示出甚至在不存在产品差异和规模经济的情况下，单靠不完全竞争也能进行产业内贸易。

1. 不完全竞争基本原理

基本概念

第一部分回顾了一下有关垄断的理论，同时介绍了在双头垄断情况下差异性产品的概念。垄断者面临着一条向下倾斜的需求曲线，选择能够使它的经济利润达到最大化的产量水平，也就是它的产品的价格水平。一个公司的利润等于这个公司的销售收入与生产总成本的差额。一个企业多销售一单位的产品，就会通过增加它的边际收益而增加它的总收入，同时又会因为增加它的边际成本而增加它的总成本。假设一个企业在 P 价格水平下销售了 Q 单位产品。如果这个企业多销售一单位产品，那么由此引起的收入的增加额为

$$P-\Delta P\times Q$$

这个企业从多销售的一单位产品中获得收益 P，但是它必须降低所有已经销售出去的产品的价格，降低额度是 ΔP，它的损失额是 $\Delta P\times Q$。如果边际收益大于边际成本，那么这个企业能够从多销售的一单位产品中获得大于成本的收益。如果边际收益小于边际成本，那么这个企业就会选择少销售一单位产品以增加它的利润，因为缩减一单位产品的销售所引起的边际收益的减少量小于总成本的减少量。因此，边际收益和边际成本相等时的产量就是使这个企业利润达到最大化的产量。

在存在差异性产品的双头垄断的情况下，存在一条关于这个产业产品的需求曲线 D，但是每个企业面临着一条属于它自己所拥有的品种的特定需求曲线，这里品种是指这个产业中的产品的品种。当两个产业索要相同的价格时，产业需求是被众多品种所平分的，即每个企业的需求量是 $D/2$。因为产品是存在差异性的，一个企业不可能通过将价格定在低于它的竞争者的水平而占领整个市场。但是，一个企业可以通过降低价格来吸引新的消费者购买它的产品，这些新的消费

者的一部分或许已经购买过这个企业的竞争对手的产品。这个企业的需求曲线 d 就会比需求曲线 $D/2$ 平坦些，因为这个企业能够通过降低价格来抢占一些原属于它的竞争者的顾客。

关键术语

在关键术语后面的横线上写下你的解释。

不完全竞争：____________________

双头垄断：____________________

边际收入：____________________

边际成本：____________________

差异化产品：____________________

经济利润：____________________

垄断利润：____________________

复习题

问题 1： 在一个大规模的市场调查之后，一个企业面临的需求曲线被记录在下面的表格里。

销售量	价格（美元）	收入（美元）	边际收入（美元）
1	7		
2	6		
3	5		
4	4		
5	3		
6	2		
7	1		

1a. 根据产出水平计算收入水平和边际收入水平，并将计算结果填写在这个表格中。

1b. 如果每单位产品的边际成本是 2.5 美元，那么这个企业为了达到利润最大化所选择的产出水平是多少？请解释。

____

1c. 根据给出的产出水平计算这个企业的利润。

____

问题 2： 一个企业面临着下图所示的需求曲线、边际收入曲线和边际成本曲线。在这个图中标出最佳产出水平，并在这个几何图形中标出这个企业的利润水平。

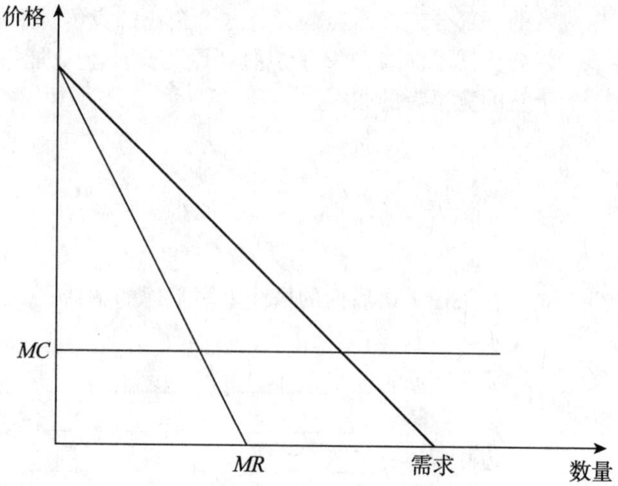

问题 3：思考存在一个双头垄断的情形。在下面这个图中，$D/2$ 表示当每个品种的价格相同时，市场上的两个生产差异性产品的企业所平分的这个产业的需求曲线，d 表示针对每一个企业的需求曲线。

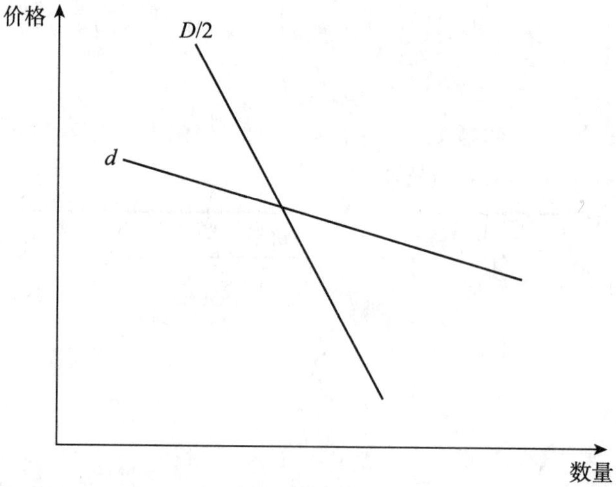

为什么 d 曲线比 $D/2$ 曲线更平坦？

2. 垄断竞争条件下的贸易

基本概念

垄断竞争模型依赖于四个假设条件。第一，每家厂商都生产一种与该产业中其他厂商所生产的相类似但又有差别的产品。因为每家厂商的产品都与其他厂商的产品有几分不同，所以，一家厂商可以提高其价格而不会丧失全部消费者。因此，每家厂商面对一条向下倾斜的产品需求曲线。第二，该产业有众多的厂商。第三，所有厂商都使用一种边际收益递增的技术进行生产：即一种平均生产成本随着生产数量的增加而下降的生产技术。第四，厂商可以自由进入和退出该产业，因此，从长期来看，垄断利润为零。在垄断竞争中，厂商拥有一些垄断权力，在这样的条件下，就会出现这样一个长期均衡，即每家厂商的利润为零。

这个模型从贸易中巧妙地捕捉到两个收益，并且这两个收益与依赖于比较优势而得到的贸易收益是有很大差别的。由于更好地运用了规模经济效应，国际贸易扩大了产品的品种范围并降低了产品的价格。贸易开放产生了合理化反应：一些企业当暴露在竞争力日益增大的全球市场上时，它们可能会倒闭，但是仍然有一些厂商会扩大生产规模。规模收益递增意味着随着企业扩大产量，它的平均成本是下降的。平均成本的下降转嫁给消费者就是产品价格的下降。

这个模型也让我们更多地理解了国家间的贸易模式。每个品种都只在一个地方生产，但是所有贸易国家都需要这种产品。因此，对于每一个品种的产品来说都只存在一个单方向的贸易。又因为每个国家生产不同的品种，所以对于产品来说存在双向贸易或产业内贸易。

关键术语

在关键术语后面的横线上写下你的解释。

规模收益递增：____________________

规模经济：____________________

垄断竞争：____________________

产业内贸易：____________________

复习题

问题 4： 一个企业生产产品的固定成本是 100 美元，边际成本是每单位 2 美元。如果这个企业计划销售 10 单位的产品，那么这个企业索要的使它能够达到收支平衡的最低价格是多少？

问题 5： 在下面的图中，D/N 表示的是产业需求被价格相同的差异性产品的种类平分后的曲线，d 表示在这个产业中每一个差异性产品的生产者所面对的需求曲线。

5a. 在这个图中表示出，当存在竞争的品种数量时，N 的增加对 d 和 D/N 的影响。

5b. 请解释你为什么画出上题所示的需求曲线。

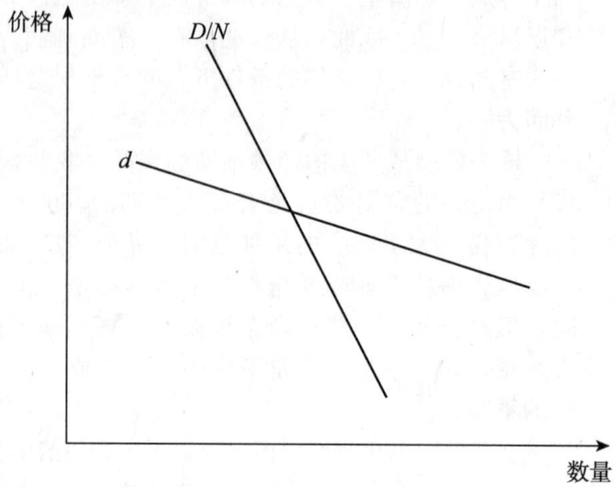

提示

理解需求曲线 d 和 D/N 的变化情况对理解垄断竞争模型中许多关键的含义都是很有帮助的。

问题 6：下图中给出了一个企业的平均成本曲线和边际成本曲线。

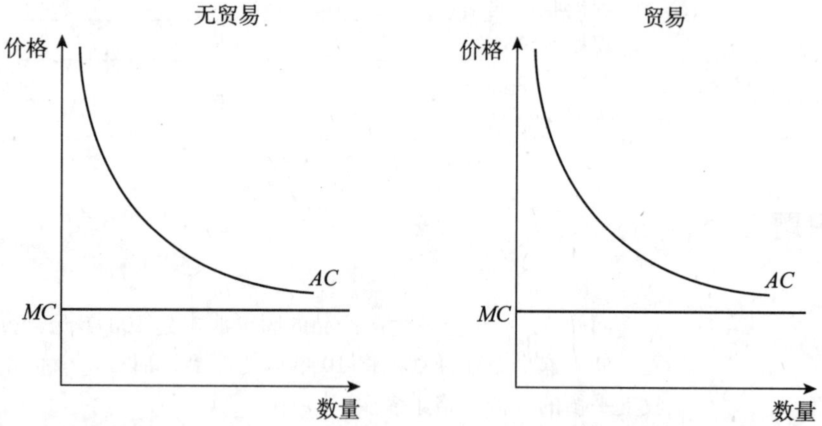

6a. 在左边的图中，画出一个企业在长期无贸易均衡状态下的需求曲线 D/N 和 d、边际收入曲线和最佳价格及产量水平。

6b. 在右边的图中，画出两个相同国家在长期贸易均衡状态下的需求曲线 D/N 和 d、边际收入曲线和最佳价格及产量水平。

6c. 请解释这两个图的不同点。

6d. 请解释这两个图为什么不同。

6e. 贸易所得是多少？贸易所得在这两个图中是如何表现出不同的？

6f. 由国际贸易所引起的成本变化额度是多少？调整的价格在上面两个图中是如何表现出不同的？

问题 7： 思考下面这种情况：一个世界只有两个国家。一个国家规模大一个国家规模小。存在一个垄断竞争的产业，并且劳动作为这个产业的唯一投入要素。

7a. 在自给自足的情况下，哪个国家的工资水平更高？请解释。

7b. 哪个国家从国际贸易中获利更多？请解释。

问题 8： 起初这个世界上只有两个厂商生产宽体飞机。对这个产业来说，垄断竞争模型是一个合适的模型吗？为什么是或者为什么不是？

提示

垄断竞争模型很受经济学家青睐，因为这个模型很简洁。由于企业的数量很多，我们要从众多企业凌乱的战略行为中抽象出我们所需要的东西。然而当企业数量较少时，我们就可以直接考虑那些战略行为。

关键的一点发现就是贸易所得基本上就是市场规模所得。规模大的市场能够在较低的价格水平上容纳更多的品种。贸易所得来自于将两个规模小的市场合并为一个大的全球化市场。

3. 垄断竞争与贸易的经验性案例

基本概念

这部分介绍的这个垄断竞争模型对理解国际贸易模式的关键部分是很有帮助的。第一，这个模型帮助我们分析了两个相似国家的贸易所得情况，例如美国和加拿大之间的贸易。来自于《北美自由贸易协定》的证据表明存在较高的短期调整成本，这个短期调整成本可以通过产量的增长和生存企业雇佣量来达到一种平衡状态。第二，垄断竞争模型预测产业内贸易程度在一个差异性产品比例很高的产业中应该是最大的。产业内贸易指数衡量了国家之间的双向贸易程度。正如垄断竞争模型所预测的那样，对于产品来说，这个指数越高证明产品的差异性程度越高。第三，垄断竞争模型预测引力方程能够更好地预测国际贸易模式，这个引力方程即为：

$$TRADE=\frac{GDP_1 \cdot GDP_2}{DIST^{\eta}}$$

这个引力方程预测那些具有更大 GDP 的国家，或者彼此相距更近的国家，具有更多的相互贸易。这个关系的由来是，每个国家都生产一批不同品种的产品，这些品种又是每个国家所需要的。贸易额度占一个国家 GDP 的份额随着与这个国家进行贸易的特定国家的收入或者 GDP 的增加或者两个国家距离的减少是不断增加的，因为运输成本随着距离的增加是不断上升的。这个引力方程对于预测国家间的贸易量来说是一个准确的方法。

关键术语

在关键术语后面的横线上写下你的解释。

自由贸易协定：____________________

区域性贸易协定：____________________

贸易调整救济：____________________

产业内贸易指数：____________________

引力方程：____________________

边界效应：____________________

关税：____________________

配额：____________________

复习题

问题 9：不同的土质生产出来的葡萄是存在差异性的，由这些葡萄所酿制的酒也是存在差异性的。在特定的产业内甚至是缺乏不完全竞争的情况下，产业内贸易程度可能很高吗？

问题 10：思考下面这种情况：一个国家对它的邻国开放贸易。这个开放贸易的即时后果就是失业人口增加。工人最终能够找到工作，但是大部分工人发现他们被一个不同的产业所雇用。这两个国家之间贸易的最主要动力最可能是垄断竞争还是比较优势？请解释。

问题 11：你认为引力方程是能够更好地解释一系列要素禀赋相似国家之间的贸易模式，还是能够更好地解释一系列要素禀赋不同的国家之间的贸易模式？

请解释。

问题 12：你如何利用国际贸易流动的数据来评估哪个产业表现出来的产品差异性程度更高，哪个产业的产品差异性程度不高？

提示

正如问题 9 的答案所指出的那样，只有产品的差异性程度能够提高产业间贸易的水平。

问题 10 到问题 12 说明了国家之间的贸易模式存在很多种情况。因为不同的模型有不同的含义，因此弄清楚哪个模型适合哪种情况是很重要的。

问题 13：请解释引力方程是如何用来衡量边界效应的。

问题 14：《北美自由贸易协定》是如何影响美国的产品品种范围的？

4. 均质产品条件下的不完全竞争：以倾销为例

基本概念

这部分说明了不完全竞争能够解释倾销这个普遍现象。倾销是指，一个企业以低于当地市场的价格向国外销售一种产品，或者以低于平均生产成本的价格向国外销售一种产品。我们在这本书的后面将学到，政府对于倾销制定的政策是国家之间存在大量摩擦的来源。

给出了关于倾销的两个例子。在第一个例子中，一个垄断者正在考虑将他的产品在国内市场上以什么价格来销售，在国外市场上以什么价格来销售。如果对于消费者来说很难从国家之间的价格差异上进行套利，那么这个国家能够进行国家间的价格歧视行为。企业选择生产多少产品，能够使每个市场的边际收益和产品的边际成本相等。企业对外开放后将会发现，在国外市场上以低于本国的价格销售产品是一个实现利润最大化的策略。

第二个例子涉及建立在两个不同国家的两个企业。这两个企业在相同的情况下生产的利润是相等的，在两个国家之间运输产品的成本是很昂贵的。在下面这些情况下相互倾销的现象将会出现：两个企业相互入侵对方的本国市场，并且把对方本国市场的价格拉低。在这个模型中出现的倾销是指，在国外市场上所索要的价格低于在国内市场上的价格加上运输产品所需要的额外成本。这里包括两个关键的观点：(1) 倾销现象存在于许多垄断市场和寡头垄断市场中；(2) 不完全竞争能够导致产业内贸易，甚至在没有产品差异性时不完全竞争也能够导致产业内贸易。

关键术语

在关键术语后面的横线上写下你的解释。

价格歧视：____________________

歧视性垄断：____________________

倾销：____________________

反倾销税：____________________

寡头垄断：；____________________

相互倾销：____________________

复习题

问题 15：假设母国的一个垄断者的固定边际成本是 2 美元，他能将他的产品销往母国和外国两个国家。假定消费者不能通过国家间的价格差进行套利活动。母国的需求量为：$P=10-Q$；外国的需求量为：$P=6-Q$。

15a. 这个垄断者所面对的母国和外国的边际收益曲线分别是什么？

____

15b. 这个企业在两个市场上所销售的产品的价格各是多少？

____

15c. 在下面的图中画出母国（本国市场）和外国（出口市场）的需求曲线和边际收益曲线，也就是这个企业选择将它的产品倾销到国外的需求曲线和边际收益曲线。

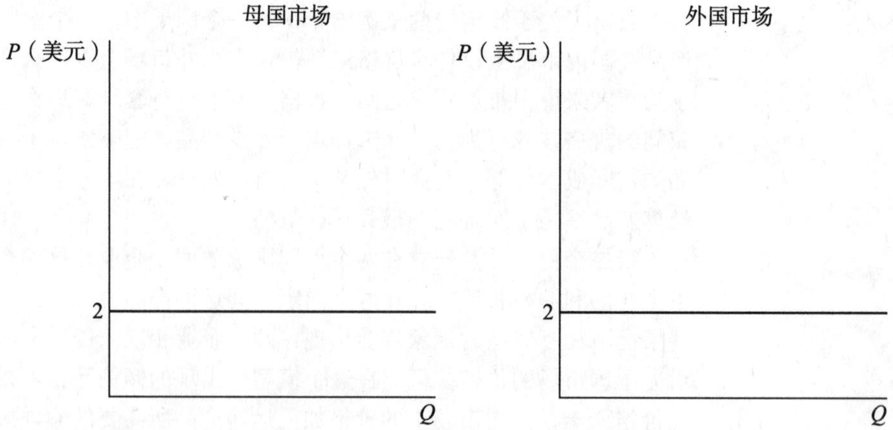

提示

知道如何从一条线性需求曲线中推导出边际收益方程是非常重要的。如果你在这一步上遇到了麻烦，那么你不可能完全回答出之后提出的一些问题！对于一条线性需求曲线来说，它所对应的边际收益曲线总是具有相同的Y轴截距，但是边际收益曲线的斜率的绝对值是需求曲线的2倍。

问题16： 假设一个企业在国内市场上的销售价格是10美元，在出口市场上的销售价格也是10美元。这个企业算是参与了倾销活动吗？请解释原因。

问题17： H国的一个企业生产安眠药Beddybuy。这个企业在它的国内市场上面对着一条向下倾斜的线性需求曲线。在它的邻国F国，政府施行了价格管制政策，所以这个企业对安眠药Beddybuy索要的价格存在一个上限。

17a. 利用下图的坐标轴展示出这个企业将会在F国以什么价格销售安眠药Beddybuy，以及当这个企业在H国销售安眠药Beddybuy时索要的最高价格是多少。

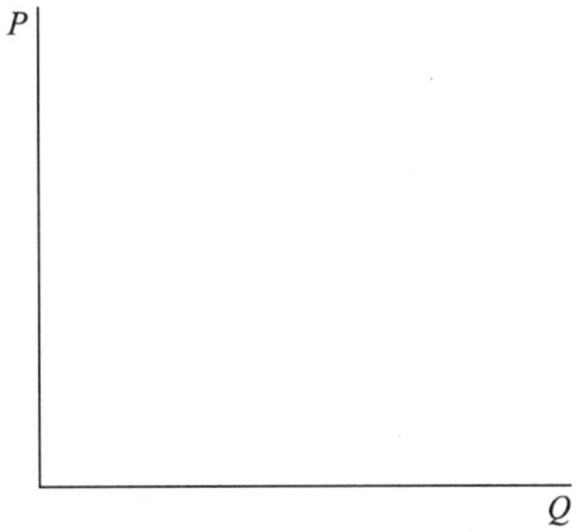

17b. 假设H国的一些存在睡眠问题的消费者了解到，他们能够通过网上购物的方式以较低的价格从F国买到安眠药Beddybuy。这是否可能引起这个企业停止在F国销售它的产品？请解释原因。

问题18： 一个政客反对在生产同质产品的产业中存在自由贸易区域。他认为在自由贸易区域内，两个国家的生产成本不存在差异，所以它们不能从贸易中获益。请评价这个论断。

问题19： 假设有两个国家。每个国家都有一个小麦生产者。每个生产者的边际成本都是10美元。给定每个国家的需求曲线为：$P=95-Q$，P表示价格，Q表示所在国家所销售的总产量。

19a. 假设这两个国家都是自给自足的。请给出每个生产者面对的在国内市场上的边际收益曲线。

19b. 在自给自足的情况下，企业索要的能够实现利润最大化的价格是多少？

19c. 每个企业所赚取的经济利润是多少？

现在假设这两个企业能够在对方的市场上销售它们的产品，但是存在国家之间的运输成本，每件产品的运输费用是 5 美元。

19d. 给出一个企业在国内市场上所面对的边际收益方程，同时给出这个企业在国外市场上所面对的边际收益方程。

19e. 计算一个企业在国内市场上和国外市场上销售的产品的数量各是多少。

19f. 如果存在倾销行为，那么在什么情况下这两个企业会在国外市场上进行倾销？

19g. 国际贸易的开放性对企业的利润会带来什么影响？

第 7 章　产品与服务外包

概　述

外包是指最终产品的生产过程被个别生产活动所中断，并且将该生产过程转移到其他国家继续进行。随着外包的普及，越来越多的国家开始专门从事生产过程的部分环节，比如产品开发、中间投入品和装配，而不是生产像计算机和衬衫这样的最终产品。贸易模式中出现的这种现象能够导致中间投入和商务服务的贸易所得增加，但是最终产品的贸易所得减少。

这一章的第一个目标就是发明一种模型来分析外包对熟练工人和非熟练工人不断增长的工资差距的影响。在给定国家间的工资差异时，这个模型中的企业选择开展生产活动的地点。运输成本的变化将导致企业将大部分生产活动转移到工资水平较低的国家。因为从高工资水平国家的角度来看，被外包的这些生产活动都属于低技术密集型活动，但是从低工资水平国家的角度来看这些被外包的生产活动属于高技术密集型活动，这样外包将会扩大两个国家对熟练工人的相对需求。

这一章的第二个目标就是讨论与外包相关的贸易所得。正如其他模型所示，外包能够更有效地利用世界资源，这样在使用相同要素禀赋的条件下能够生产出更多的产品。这些贸易所得用数据的形式表现出来就是产量的增加。这个模型强调了在生产活动中一个国家的贸易条件对贸易所得规模的影响程度。

这一章的最后一个目标就是介绍外包的最新发展形式，即商务服务外包。商务服务包括会计服务、计算机编程和订单处理服务。这种外包形式已经使发达国家中的专业工人变得越来越惊愕，因为之前那些与国际贸易不相关的工作，现在都很容易地外包了。

1. 一个外包模型

基本概念

外包模型的建立依赖于价值链这个重要的概念。一个最终产品的生产过程包括许多不同的生产环节，这些生产活动能够在不同的地点进行。每一个活动都需要一些熟练工人和非熟练工人，再加上一些其他的要素，比如资本和基础设施，但是这些生产活动需要不同的技术程度。例如，一件产品的生产过程可能涉及一些高技术含量的环节，也就是需要非常熟练的工人来完成，也可能涉及一些低技术含量的环节，也就是不熟练的工人也能够完成。这个价值链就是这些活动根据它们相对的技术密集度的一个排序。

在这个模型中，国家间的要素价格是不同的。例如，假设母国相对于外国来说，支付给熟练工人和非熟练工人的工资要高，但是资本的租金较低。进一步假设外国的熟练工人的相对工资要高于母国。国家间要素价格的差异和活动过程中技术密集度的差异，即生产活动中熟练工人与非熟练工人的比率，意味着一些生产活动在母国进行成本较低，而其他一些生产活动在外国进行成本较低。

图 7—1 给出了一个例子。这个图的纵轴表示一个生产活动的成本，横轴表示价值链。价值链中每个生产环节都可以用横轴上的一个点来表示。沿着横轴向右移动，生产活动所需要的熟练程度是递增的，这样装配过程将在这个价值链的终端进行，研究与开发过程将在顶部进行。在画这个图时，资本成本被假定在各个生产环节是相同的。

实线表示外国每个生产环节的成本，虚线表示母国每个生产环节的成本。因为外国的熟练工人的相对价格高于母国，所以外国的成本曲线比母国的成本曲线更加陡峭。给定每个国家的要素价格，母国的一个企业如果要完成全部的生产环节，不管这些环节需要的技术熟练程度是低于外国的技术熟练程度 S^* 还是高于母国的技术熟练程度 S^*，这个企业都将削弱价值链。总而言之，技术含量最低的那些生产环节应该被外包出去。

外国的运输成本和资本成本的降低会给外国带来更多的外包活动。外国成本曲线的向下移动会引起价值链分割线的向右移动，这样之前在母国进行的一些生产环节将会被外包给外国企业。价值链分割线的右移引起不管在母国进行还是在外国进行的生产环节的平均熟练程度的增加。这表明在两个国家，熟练工人的相对需求和相对工资都将增加。

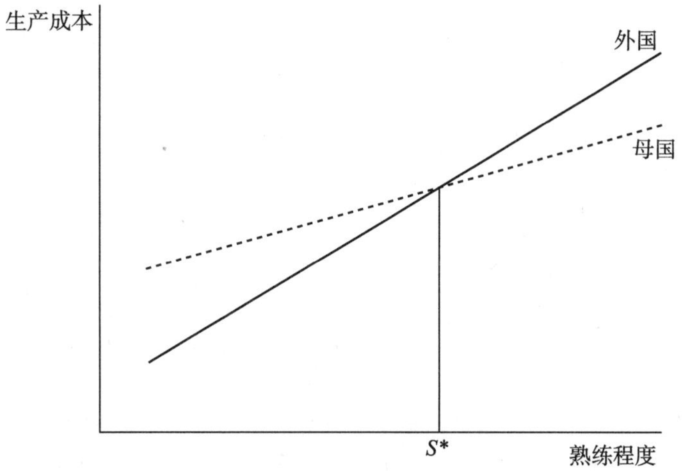

图 7—1　价值链的分割

很难区分外包增加的经济效应和技能偏向型技术变迁的效应。在这两种情况下，对熟练工人的相对需求在所有国家都会上升，这就推动了熟练工人的相对工资的上涨。近期的实证研究表明外包和技术变迁都能解释熟练工人和非熟练工人之间工资差异日益增大的部分原因，但是每个因素的准确贡献很难鉴定。

关键术语

在关键术语后面的横线上写下你的解释。

价值链：____________________

境外外包：____________________

离岸：____________________

技能偏向型技术变迁：____________________

复习题

问题 1：一种产品的生产需要经历 a、b、c 三个生产环节，每个生产环节都要用到熟练工人和非熟练工人。下面的表格显示了每个生产环节中生产一单位产品所需要的熟练工人和非熟练工人的人数。

	a	b	c
熟练工人	1	2	3
非熟练工人	4	3	2

有两个国家：母国（H）和外国（F）。在母国熟练工人的工资是4美元，在外国熟练工人的工资是5美元。在母国非熟练工人的工资是2美元，在外国非熟练工人的工资是1美元。每单位的运输成本是2美元，如果一个生产环节被外包给F国，那么必须将运输成本加到那个生产环节的成本中去。

1a. 根据上面给定的条件，哪个生产环节会在哪个国家进行？

1b. 假设工资水平不变，如果运输成本降低到0，那么每个生产环节的地点会发生什么变化？

1c. 外国运输成本的降低如何影响每个国家对熟练工人的相对需求量？

1d. 如果不是生产过程的每个环节，我们重新定义 a、b、c 为生产最终产品的环节，那么运输成本的降低对相对工资的影响会发生什么变化吗？

提示

问题1d提到这个问题：外包与传统的产品贸易有什么不同？这一章所展示的这个模型旨在解释外包的影响，但是这个模型同样也可以用来决定在国家间的生产成本不同的情况下最终产品的专业化生产。对劳动力的相对需求的影响将会相同，但是对于社会个体的影响方式将会存在很大的差异。

注意这个分析忽略了由国家间生产环节的变迁所引起的工资的变化。由外包引起的工资的变化将改变每个国家进行生产活动的成本。

问题2：假设一个低工资水平的国家禁止外来直接投资。在这个外包模型中，这样的限制将如何影响每个国家的生产环节的范围？

问题3：赫克歇尔-俄林模型建立的前提是这些产品能够根据它们的要素密集度进行归类。当生产环节能够外包时，什么样的复杂情况将会出现？

问题4：美国制造业在过去的20年中，白领职位与蓝领职位的比率已经上升了，这是一个好势头。

4a. 如何用外包来解释这样的现象？

4b. 为什么赫克歇尔-俄林模型很难解释这个现象？

4c. 如果不引入国际贸易，是否存在对这个现象的解释？

---

2. 外包所得

基本概念

正如在这本书的前面章节讨论的那些标准的国际贸易模型一样，企业将部分生产活动转移至海外的能力，通过更有效地分配世界资源的方式带来贸易所得。为了证明这个观点，我们重新解释第 4 章所介绍的赫克歇尔-俄林模型，用这个模型来分析外包所得。

重新定义这个模型包括三个步骤。第一，将生产可能性边界的坐标轴标记为最终产品生产过程中的投入环节，而不是标记为最终产品。这些投入环节可以包括产品的研究与开发环节和零部件生产环节。第二，用等产量线来代替无差异曲线。因为生产可能性边界中的投入是用来生产最终产品而不是效用。第三，想象一下这种情况，一个国家的资源被平均分配给每一个个体企业，这样每个企业都拥有相等的世界资源份额，同时也就拥有相同的生产可能性边界曲线。根据这些规定，国家在生产环节过程中具有比较优势，而不是在生产最终产品的过程中具有比较优势。投入环节的贸易所得与最终产品的贸易所得是非常相似的，它们都只表现为生产能力的增加，也就是说企业能够使用相同的投入量来生产出更多的最终产品。

尽管存在外包所得，但是全球市场环境的变化也将引起贸易条件的变化。如果发展中国家在某些生产活动中的技术变得更加娴熟，发达国家恰好在这些生产活动中具有比较优势，那么发达国家就会遭受贸易损失。任何贸易方面的损失对一个国家来说都是不利的，因为这些损失意味着这个国家的预算约束曲线已经向内移动。这就是萨缪尔森教授的观点。全球市场上贸易条件的变化可能减少了发达国家工人的福利水平，但是这并不意味着外包对一个国家来说是有害的。这只是说发达国家可能在某一天的贸易所得不如之前那么多。

关键术语

在关键术语后面的横线上写下你的解释。

等产量线：______________________________

商业服务：______________________________

复习题

问题 5：母国拥有许多相同的企业，这些企业通过产品的研究与开发和零部件生产环节来生产同一种最终产品。产品的研究和开发活动及零部件生产活动都需要使用熟练工人和非熟练工人。产品的研究与开发环节和零部件生产环节相比，会密集地使用熟练工人。这个国家开始是自给自足的。

5a. 假设母国现在可以和外国进行贸易，母国的熟练工人相对比较稀缺。运用下面的图表，展示出贸易对母国的一个典型企业产量的影响。

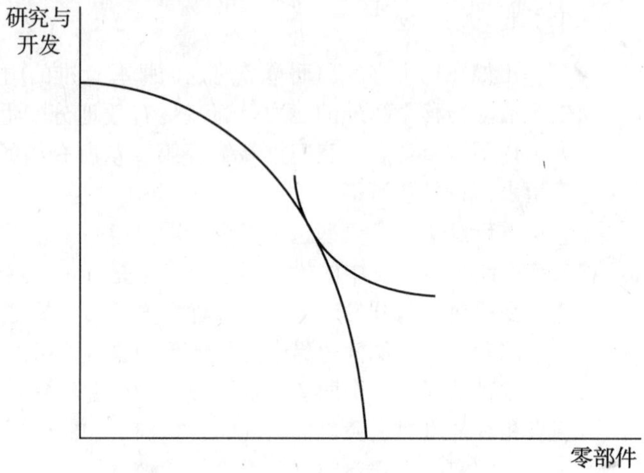

5b. 描述一下母国和外国的贸易模式。

______

5c. 描述一下母国的贸易所得。

______

5d. 在母国，贸易对熟练工人相对需求量的影响是什么？

______

5e. 现在假设母国的贸易条件有所改进。在下面的图中展示出贸易条件改进的影响。

______

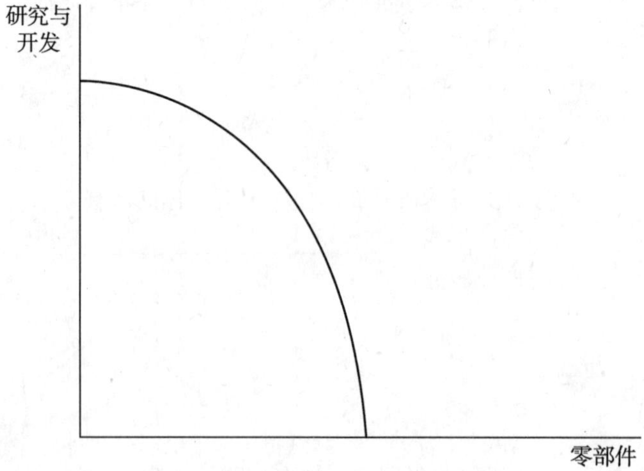

5f. 在母国，贸易条件的改进对这个典型企业可以观察到的产量的影响是什么？请解释原因。

问题 6：一种产品的生产要经历商业服务和零部件生产两个环节。母国在这两个环节中都具有绝对优势，但是相对外国来说，母国在商业服务环节具有比较优势。

6a. 如果母国通过传授给外国一些技术的方式来增加外国的零部件产量，那么母国这样做会给它带来好处还是遭受损失？请解释原因。

6b. 如果母国通过传授给外国一些技术的方式来增加外国的商业服务生产能力，那么母国这样做会给它带来好处还是遭受损失？请解释原因。

提示

一个国家的贸易条件的恶化，不管是对这个国家中间投入的价格还是最终产品的价格都会产生负面影响。相同的分析过程可以应用到任何一个具有比较优势的模型中。

我们应该清楚外包的这个简易模型只是赫克歇尔-俄林模型的一个重新解释。

问题 7：根据教科书中所引用的关于 Amiti 和 Wei 的研究，美国产量增加的哪个部分可以归功于外包？

3. 服务外包

基本概念

在发达国家中的大部分工人都被服务业雇用。很多年来，这些工人没有直接参与国际贸易，因为服务业基本上不能参与贸易活动。然而，信息技术的发展，使很多服务业的工人发现他们的工作可以进行外包。这样的结果就是，发达国家中的服务业工人对国际贸易产生的恐惧感越来越大。

最近几年，发达国家中的熟练工人已经发现许多技术密集型生产活动已被外包给发展中国家，比如说印度。这一章所介绍的价值链能够用来思考这个现象，但是对这个现象要进行两个细微的调整。

第一，印度的熟练工人目前的工资水平和发达国家中他们的竞争者相比是相当低的（尽管印度的熟练工人的工资水平在飞速增长）。第二，取消各个环节的运输成本相同这一假定。相反，假定低熟练度的活动的运输成本是非常高的，高熟练度的活动的运输成本是很低的。这个假设是根据印度的情况提出的，印度是服务外包的最大终端。在印度，像公路这样的物质基础设施是很落后的，但是信息技术设施相对比较先进。

关键术语

在关键术语后面的横线上写下你的解释。

商业服务：________________________________

复习题

问题 8：下面这个图展示了，在两个国家运输成本相同的情况下，母国和外国每个生产环节的成本。假定外国所有生产环节的成本都低于母国（这个假定是由母国和外国的成本曲线表现出来的）。

8a. 现在假设外国的各个生产环节的运输成本不同：对需要更多非熟练工人的生产环节来说，运输成本更高；而对于需要更多熟练工人的生产环节来说，运输成本更低。画出外国的包括运输成本的成本曲线，这样那些更具有技术含量的生产活动就会由母国外包给外国。

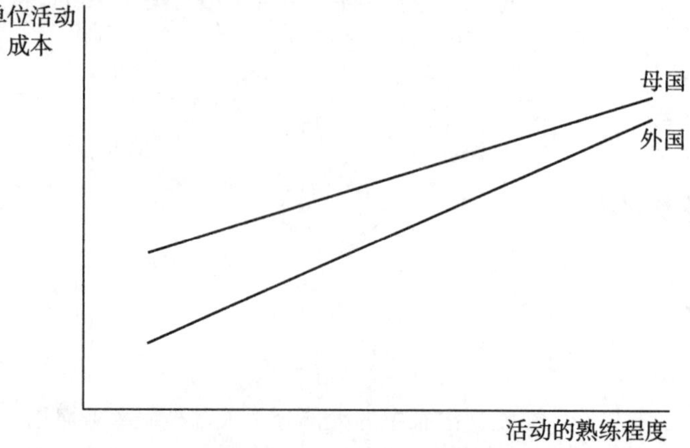

8b. 能否列举一个事例，在这个例子中，那些技术含量非常低的生产活动和那些技术含量非常高的活动都能够被外包，但是那些中等技术含量水平的生产环节不能够被外包？

____

问题 9：为什么印度在商业服务上取得的成功被潜在地认为对美国来说是一个坏消息？

____

问题 10：到目前为止，许多服务还是不能够参与国际贸易。服务贸易的增加是否能够引起美国制造业雇佣量的进一步减少？

____

提示

正如问题 8 所证明的那样，如果一个企业能够自由地选择它想要的运输方式，那么对于外包来说，就不可能生产出不同产品的所有类型。

贸易模型中的坏消息一般来自于一个国家贸易条件的恶化。

第 8 章　完全竞争条件下的进口关税与配额

概　述

因为国家之间的贸易活动能够创造收益，所以国家之间就有赢家和输家之分，一个国家的贸易政策影响了其他国家的福利水平，并与它的邻国重新分配收入。一个国家的贸易政策会给其他国家带来负面影响，世界贸易组织作为国家间讨论政事的一个论坛，它起着调解各国之间贸易争端以及协调各国贸易政策的作用。世界贸易组织的结构和历史会影响贸易政策的所有方面。

这一章介绍了一个完全竞争条件下的局部均衡模型，用这个模型来分析贸易政策的两个方面对福利水平的影响，这两个方面是进口关税和进口配额。对进口产品所缴纳的税收是国家降低它们进口总量的最常用的方式。通过上面的分析我们发现，进口关税一般会导致“小”进口国遭受福利损失，但是能够增加“大”进口国的福利。“大”国利益的获得是以牺牲出口国利益为代价的，但是，这可以用来解释国家间挑起的贸易争端。进口配额是对一个国家所允许进口数量的直接限制。在完全竞争模型中，由进口配额所带来的对福利的影响很多时候都大于进口关税对福利的影响。和关税的影响一样，配额能够使国内的价格高于世界价格，这样生产者就会从中受益，而消费者就要承受损失。政府部门通常会以一定的方式管制配额，这样它们就能保证降低国家福利。

1. 世界贸易组织简史

基本概念

第二次世界大战前世界处于经济暴跌阶段，也就是通常所说的经济大萧条。在这段时期内，各个国家通过制定贸易政策来为本国生产者创造利润，但是大部分国家同时增长关税所带来的集体影响就是降低所有国家的贸易量。通常认为贸易所得的损失是造成经济萧条严重性的诱因。

1947年建立了旨在减少各国之间的国际贸易壁垒的GATT。除了提供用来协商降低贸易壁垒的论坛外，GATT还包括24个条款，以此来调节国家对贸易政策的使用情况。在GATT的主持下，为了减少各国之间的贸易限制和介绍贸易政策的行为规则，缔约国定期举行被称为“回合”的谈判。

1944年GATT被世界贸易组织（WTO）所替代。GATT的协定被写进WTO的条款中。与GATT不同的是，WTO是一个有机制或称为程序的正式机构，这个机构用来解决那些因为违反贸易规定而受到控告的国家之间所引起的争端。我们会分节介绍一些有关WTO和它的前身GATT的关键规定。

关键术语

在关键术语后面的横线上写下你的解释。

贸易政策：________________________________

进口关税：________________________________

倾销：________________________________

进口配额：________________________________

出口补贴：________________________________

区域性贸易协定：________________________________

自由贸易区：________________________________

关税同盟：________________________________

保障条款：________________________________

免责条款：________________________________

复习题

问题1：下面这些问题用来检测你对WTO条款的了解情况。

1a. 如果一个外国企业向你们的国内市场倾销商品，你如何看待这个问题？

____

1b. 假定许多国家都决定只对贸易伙伴的产品降低关税，而对其他国家的产品不降低关税。这个条款是否侵犯了 WTO 中有关最惠国待遇的规定？为什么是或者为什么不是？

____

1c. 为什么最惠国待遇在美国被称为正常贸易关系？

____

提示

记住 GATT 中每一个关键条款的准确条文。

一定要有耐心，这部分强调的每一个条款将在下面几章中某些地方提到。

2. 贸易所得

基本概念

这一节将介绍一个简单的局部均衡框架，用它来分析母国贸易政策对它的福利的影响。母国包括消费者和生产者这两种角色。如图 8—1 所示，母国消费者的需求曲线为 D，生产者的供给曲线为 S。当母国处于自给自足状态时，这个市场上的价格 P^A 和产量 Q_0 就由供给曲线和需求曲线的交点决定。现在假设这个国家在固定的世界价格水平下能够和外界进行贸易。如果世界市场上的价格比母国在自给自足状态下的价格低，那么母国消费者将扩大他们的需求量，生产者就会缩减他们的生产规模。当母国的需求超过它的国内供给时，这个国家就必须进口，进口量为需求和供给之间产生的差额。图 8—1 中右边的图展示的是母国进口需求曲线。给定一个世界价格 P^W，一个国家的进口量为 M_1，这里 $M_1=D_1-S_1$。

我们依靠消费者剩余和生产者剩余这两个概念来测度这个框架中的福利水平。当一个消费者以价格 P^W 购买 D_1 单位的产品时，消费者剩余等于需求曲线下方到 D_1 所在需求曲线的上方之间的区域（D_1 表示消费产品的总效用），减去消费者必须支付的价钱，也就是等于 P^W 乘以 D_1（放弃消费其他产品而损失的效用）。如图 8—1 所示，在给定价格为 P^W 条件下，消费者剩余等于 a、b、c 区域的面积之和。如图 8—1 中左图所示，因为国际贸易降低了进口产品的价格，贸易给消费者带来的福利等于区域 $b+c$ 的面积。

当生产者以 P^W 的价格卖出 S_1 单位的产品时，所得到的生产者剩余等于由销售 S_1 单位的产品所获得的收入（$P^W.\ S_1$）减去要素的总成本（也就是从供给曲线下面到 S_1 上面所围成的面积）。如图 8—1 所示，在给定价格为 P^W 条件下，

生产者剩余等于 d 区域的面积。国际贸易降低了一个进口产业相对于自给自足状态下的价格，所以国际贸易给生产者带来损失，生产者的收入降低的幅度大于他们的生产成本降低的幅度。如图 8—1 所示，国际贸易给生产者带来的进口损失等于区域 b 的面积。

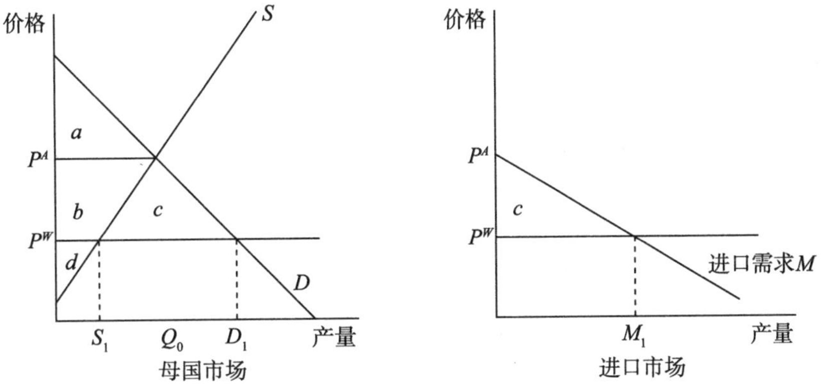

图 8—1　局部均衡条件下的国际贸易

在这个模型中，由于国际贸易的存在，产生了赢家和输家，但是赢家的收益超过输家的损失。如图 8—1 所示，区域 c 表示贸易所得。需要注意的是这个福利是通过三角形区域来测量的。三角形的面积很容易计算：它等于这个三角形的底与高的乘积的一半。最后，注意这个贸易所得也可以通过另一个图的三角形面积来测量。

关键术语

在关键术语后面的横线上写下你的解释。

消费者剩余：____________________

生产者剩余：____________________

进口需求曲线：____________________

小国：____________________

复习题

问题 2：如果西红柿的价格是 3 美元，那么安将会买一个西红柿；如果西红柿的价格是 2 美元，那么安将会买两个西红柿。如果西红柿的价格是 2 美元，安得到的消费者剩余是多少？

问题 3：假设西红柿的生长需要用到土地和劳动。如果西红柿所有者的收入是 100 美元，支付给流动要素劳动力的工资是 60 美元，那么在这个西红柿产业

中生产者剩余是多少？

问题 4：图 8—2 给出了一个小国的贸易均衡状态，这个小国面对进口需求曲线 M，并且给定了一种产品的固定世界价格。

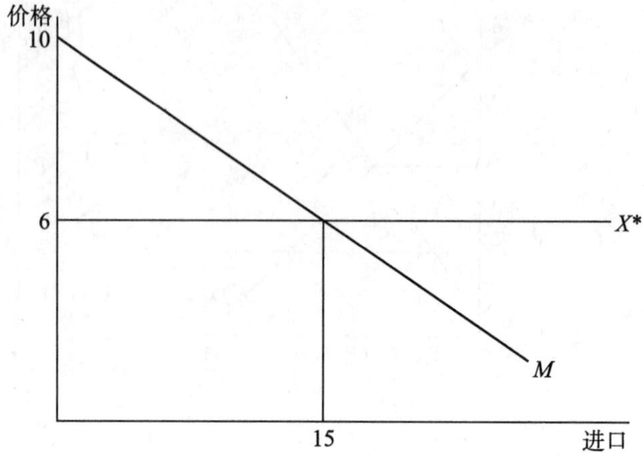

图 8—2　进口市场

4a. 这个小国在自给自足状态下的价格是多少？ ______________

4b. 对于这个经济体来说，和自给自足状态下的国家福利相比，国家福利的贸易所得是多少？

4c. 下面这个图显示了母国市场上产品的国内供给和需求曲线。将图 8—2 中有关价格和进口量的信息填到这个图中，同时将问题 4b 的答案也在这个图中表示出来。

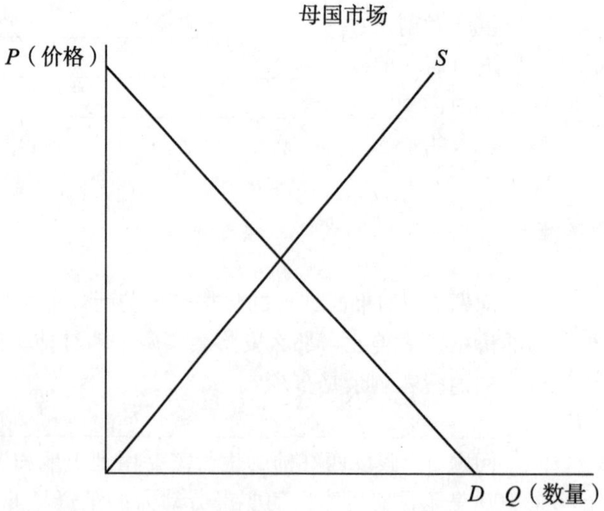

提示

当一个国家从自给自足状态转变为自由贸易状态时，世界市场上的价格就变为进口国家的价格。母国生产者将不可能以高于世界价格的水平销售任何产品。

这本书中所使用的图中的供给曲线和需求曲线都是线性的。也就是说对无谓损失的测度都要涉及计算三角形面积。三角形的面积就是这个三角形底部和它的高度的乘积的一半。

3. 小国的进口关税

基本概念

小国的出口供给曲线是一条水平线。一个“小”国无法通过改变自身行为来影响进口商品的世界价格。当母国对某种产品征收关税 t 时，母国消费者和生产者所面对的价格等于固定世界价格 P^W 加上关税 t。如图 8—3 所示，消费者降低了需求量，生产者增加了供给量，并且进口量也随之下降。

由于在母国市场上价格的上升引起的消费者剩余减少量为 $a+b+c+d$ 的面积。同时，由于在母国市场上价格的上升引起的生产者剩余增加量为 a 的面积。因为这个国家是一个进口国，所以消费者剩余的减少量总是大于生产者剩余的增加量。关税也能够增加政府的收入，收入额度等于 tM_1，这里 t 表示关税率，M_1 表示进口产品的数量，也就是如图 8—3 所示的区域 c 的面积。更进一步来说，一个小国征收关税一定降低这个国家的福利，降低幅度是区域 $b+d$。这些降低的福利被称为关税的无谓损失，这个损失等于生产损失（区域 b）和消费损失（区域 d）之和。母国市场和进口国市场中出现的无谓损失可以通过三角形的面积公式很容易地计算出来。

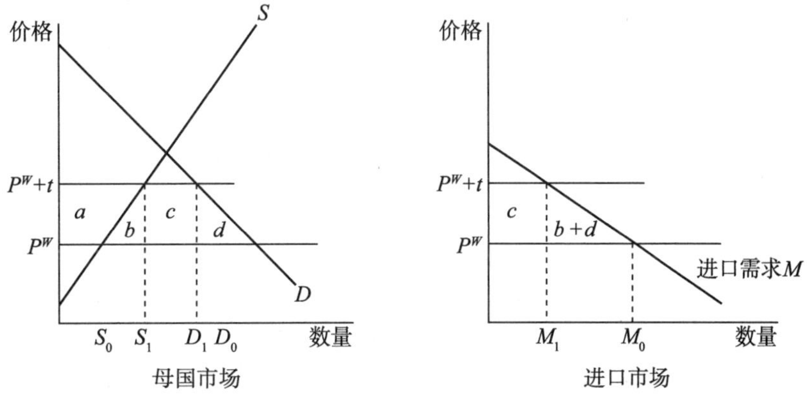

图 8—3　小国关税的效应

关键术语

在关键术语后面的横线上写下你的解释。

无谓损失：______

生产损失：______

消费损失：______

争端解决程序：______

关税战：______

复习题

问题 5：思考图 8—2 中所给出的信息。现在假设这个国家征收的进口关税为每单位 2 美元。假设这个国家的进口量从 15 单位降到 7.5 单位。

5a. 关税对国内价格的影响是什么？______

5b. 征收关税所带来的关税收入的价值是多少？______

5c. 关税会给国家福利带来什么影响？

______

现在假设关税使国内企业的收入增加 9 美元，使生产要素成本增加 4 美元。

5d. 关税给生产者剩余带来什么样的影响？______

5e. 根据你给出的问题 5b 到 5d 的答案，关税给消费者剩余带来什么样的影响？

______

5f. 在下面这个画有国内供给曲线和需求曲线的图中，填充上尽可能多的信息。

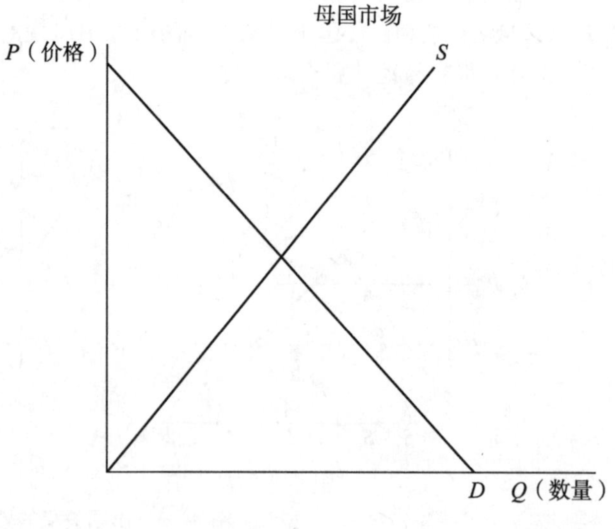

提示

你应该很好地理解母国市场图中的信息与进口国市场图中的信息的关系。

问题 6：母国对一双鞋征收的进口关税是 2 美元。母国是一个小国，在世界市场上一双鞋的价格是 15 美元。母国已经生产了 100 双鞋，但是该国消费 300 双鞋。现在假设母国完全取消了关税。结果鞋的消费量增加了 25 双，但是鞋的生产量降低了 25 双。假设母国的供给曲线和需求曲线都是线性的。

6a. 给定一些数据，关税的取消会给生产者剩余带来什么影响？

____

6b. 给定一些数据，关税的取消会给消费者剩余带来什么影响？

____

6c. 给定一些数据，关税的取消会给政府收入带来什么影响？

____

6d. 取消关税后，这个国家是变得更富裕还是变得更贫穷？变化量是多少？

____

6e. 使用下面的图展示出上面问题所提到的信息，并把你的答案所包含的信息也展示在这个图中。

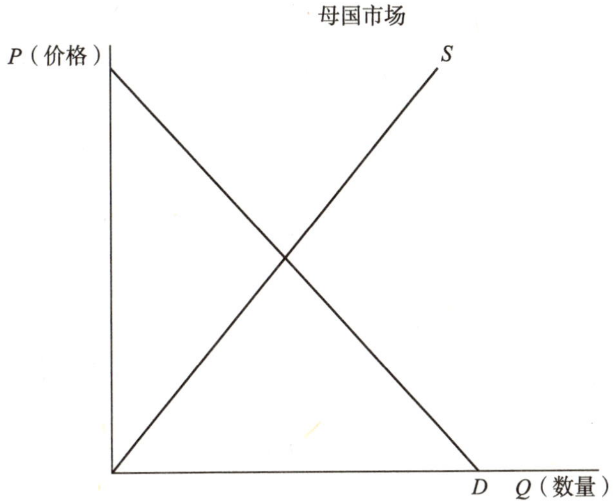

4. 大国的进口关税

基本概念

如果母国是一个大国，那么它就能够通过改变它在世界市场上的需求量来改变世界价格。为了模拟一个大国，我们假设这个国家面对一条斜率为正的出口供给曲线，如图 8－4 中右图所示。通过征收关税，政府提高了母国的价格，这样就导致生产者提供更多的产品，而消费者减少了他们的需求，在这样的情况下，在任何价格水平上的进口量都有所减少。需求的减少推动世界市场上的价格下降，也就是像图 8－4 所显示的那样，世界价格从 P_0^W 下降到 P_1^W。与此同时，国内价格从 P_0^W 上升到 P_1^W+t。

世界价格的降低量被称为母国的贸易条件利得，它代表的是母国福利的上升。这个利得的由来是因为母国将关税所带来的一部分弊端转嫁给外国的生产者。图 8－4 的两个图中显示的政府的总税收收入就是区域 $c+e$，其中区域 e 部分是由外国生产者来支付的。其余有关母国福利的分析和对小国的分析相似。因为母国价格从 P_0^W 上升到 P_1^W+t，消费者剩余的降低幅度是区域 $a+b+c+d$，生产者剩余增加的幅度是 a，所以关税对国家福利的总的影响就是 $e-(b+d)$。一个重要的结论就是如果政府能够认真地选择关税额度，以使贸易条件利得超过无谓损失，那么和自由贸易相比，关税就会给母国带来收益。使母国的福利所得达到最大化的关税额度被称为最优关税。

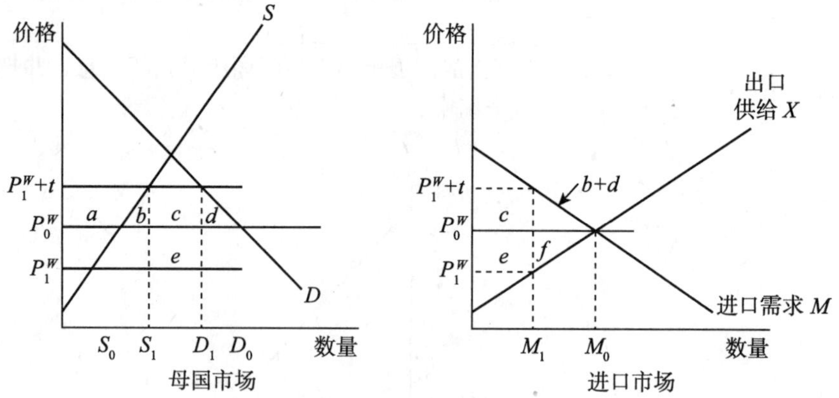

图 8—4　大国关税的效应

母国的贸易所得是以损害它的贸易伙伴的利益为代价的，在较低的世界价格水平上，贸易伙伴国的生产者剩余降低的幅度大于消费者剩余增加的幅度。出口国的全部损失等于图 8－4 中进口市场图中所显示的区域 $e+f$ 的面积。通过征收关税母国可能会引发一场贸易战，这样贸易伙伴就会对母国产品征收报复性关税，以此作为报复手段。最后，因为自由贸易能够使全球达到效率最大化，所以关税必然导致福利损失，这种损失表现为生产者和消费者损失，也就是等于 $-(b+d+f)$。

关键术语

在关键术语后面的横线上写下你的解释。

大国：____

贸易条件：________________

贸易条件利得：________________

最优关税：________________

复习题

问题 7：假设一种产品的世界价格为每单位 10 美元，母国以这个价格水平进口 100 单位的产品。然后母国对每单位产品征收 2 美元的关税。由征收关税所带来的结果就是，母国支付的价格上升到每单位 11 美元，进口量下降到 50 单位。

7a. 关税会给世界价格带来什么影响？

____

7b. 由这个关税所引起的关税收入的增加额度是多少？

____

7c. 假设这个国家的进口需求曲线是线性的，这个关税给母国带来的无谓损失是多少？

____

7d. 这个关税给母国的福利带来的收益或者损失是多少？

____

7e. 这个关税给外国的福利带来的收益或者损失是多少？

____

7f. 关税会给世界福利带来什么影响？

____

7g. 利用下面这个出口国家的国内供给和需求曲线图，显示出母国关税给消费者剩余、生产者剩余和国家福利带来的福利水平的影响。如果可以，最好提供具体的数据。

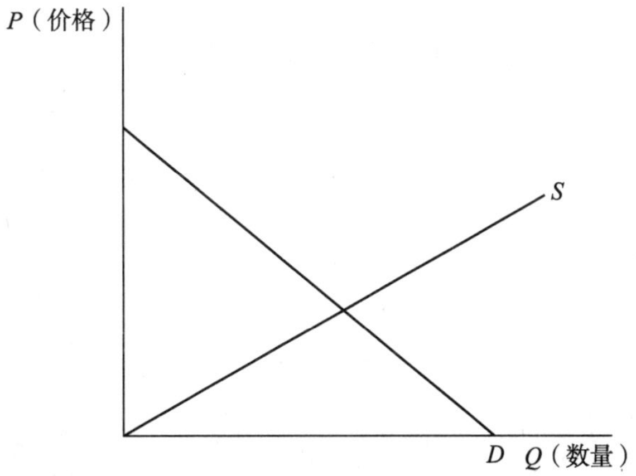

提示

当母国征收关税时，这个国家的消费者和生产者对这个超过世界价格的新的价格的反应，会依关税额度的大小而异。在母国征收关税后，母国的价格上升了 t，这就会引起消费者的需求下降，同时生产者的供给增加。然后对进口产品的需求就会下降，最终将会降低世界市场的价格。新的世界价格加上这个关税就达到了新的均衡状态，这时母国消费者和生产者想要进口相同数量的产品，而外国生产者和消费者想要以新的世界价格出售他们的产品。

问题 8：最优关税公式表明关税提高国家福利的程度与出口供给曲线的弹性是负相关的。请对这个论断给出一个直观的解释。

提示

关税只是对进口产品所征纳的一种税。正如我们在刚接触经济学时所了解的那样，一种税收对供给者和消费者都会产生影响。如果我们把进口国看成是消费者，把出口国看成是生产者，那么供给曲线越陡峭，由出口国征收的税收所带来的影响就越大。

5. 进口配额

基本概念

配额就是对一个国家所允许进口的产品数量的限制。如果母国实施进口配额，那么母国政府就会要求任何进口产品的机构拥有一个配额许可证。由于进口配额的存在，母国为了使需求差额（也就是国内需求减去国内供给）等于进口配额，它就会把价格提到世界价格水平之上。和存在关税的情况一样，较高的国内价格所引起的消费者剩余的减少量大于生产者剩余的增加量。母国价格超过世界价格意味着配额许可证是有价值的，因为配额许可证可以使它的所有者有权以较低的世界价格购买产品，同时以较高的国内价格销售产品。配额许可证的总价值被称为配额租。

是谁获得配额租呢？这里存在很多种可能。第一，如果政府在一个完全竞争的市场上拍卖配额许可证，那么配额租就属于政府部门。在这种情况下，进口配额对福利的影响和对进口起到限制作用的关税对福利的影响是等价的。对进口配额画图表的方式和画有关关税图的方式是完全一样的。第二，配额租也可以被分配出去，但是将配额租分发出去会引起一个潜在的问题，那就是人们会参加寻租行为。他们会使用一些现实的手段去游说政府部门，以便得到配额许可证。事实上，配额租经常被分配给出口国家的政府部门，然后由政府部门按照它们的意愿进行分配。当配额租被分配给外国机构后，进口配额对小国和大国的国家福利的影响都一定是负面的。

关键术语

在关键术语后面的横线上写下你的解释。

配额许可证：________________

配额租：________________

等效进口关税：________________

寻租：________________

“自愿”出口限制：________________

“自愿”限制协定：________________

多种纤维协议：________________

复习题

问题 9：思考一个小国的下面两种情形。第一种情形是，政府对一种进口产品征收关税。另一种情形是，政府实施进口配额，这个进口配额限制进口的数量和关税限制的数量是相同的，并且政府通过在一个完全竞争市场上以拍卖的形式来分配这些配额许可证。

9a. 在给定的固定价格水平下，比较这两种情况对福利的影响。

____

9b. 现在假设征收关税和实施配额后，在世界市场上产品的保护价格下降了。如果你是被保护市场上的一个生产者，那么你是否仍然受关税或是配额所保护？请解释原因。

____

问题 10：一个大国以 10 美元的价格进口 100 单位的产品。进口国家的政府部门制定的进口配额是 50 单位，这个配额政策是通过出口国家的政府部门分配这些许可证的方式来强制实施的。实施进口配额的结果就是母国的价格上升到 13 美元，世界市场上的价格下降到 8 美元。

10a. 配额租金的价值是多少？________________

10b. 配额给出口国家总福利带来的影响是什么？

____

____

____

10c. 配额给进口国家总福利带来的影响是什么？

10d. 在下面这个进出口图中表示出配额对进口国家和出口国家的福利的影响。

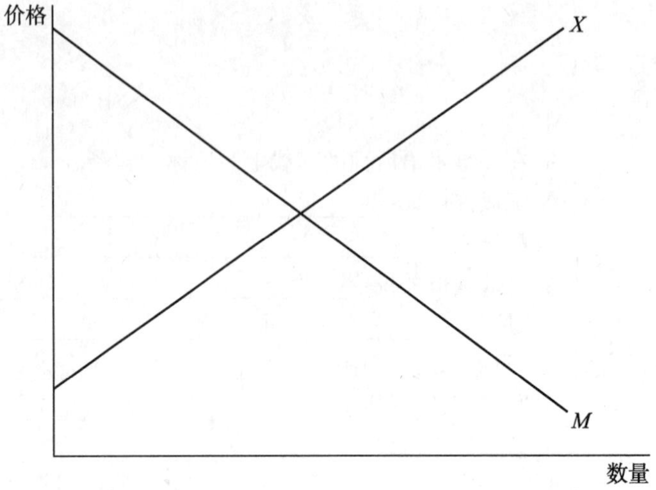

10e. 如果进口国家允许出口国家销售进口许可证，那么配额对两个国家福利的影响是什么？

问题 11：为什么一个国家会把配额租分配给出口国家？

提示

配额对国家福利的影响依赖于如何分配配额租。认真阅读有关配额的问题。

第 9 章　不完全竞争条件下的进口关税与配额

概　述

完全竞争是一种抽象出来的理想状态，经济学家用它作为分析的一个开端。然而没有一个市场是完全竞争的，所以当市场处于不完全竞争状态时，考虑贸易政策的效应是很重要的。这一章考虑到不完全竞争的两种类型。第一种类型是指，不管是国内的企业还是国外的企业拥有市场势力。拥有市场势力的企业对它们所接受的产品的价格有一定的控制力。第二种类型是指市场失效，比如资本市场不完善，或者存在外部性。市场失效会经常需要政府的干预。

当企业存在市场势力时，贸易政策对福利的影响是不同的。国际贸易带来的一个好处就是，进口限制了国内企业运用它们的市场势力的能力。即使政府实施关税政策，国际贸易带来的这些有利的影响还是会存在，但是当政府实施进口配额时，这些有利的影响就会被大大削弱。这两种贸易政策所带来的不同影响是因为，在母国市场价格发生变化后，实施关税政策依然允许进口，但是实施配额政策就不允许进口了。

当一个国家接受由一个外国垄断者提供的服务时，一个国家的贸易政策就与国外企业的价格确定行为发生相互作用。如果母国的关税政策改变的价格能被外国企业所接受，就说明母国永远都是一个大国，但是贸易条件利得只有当需求曲线具有一个特定的形态时才会增加。最后，一个政府的关税政策特征也会对福利含义产生影响。如果国外企业在国内市场上设定比公允价格更低的价格，那么国外企业就会受到反倾销政策的制约。当国外企业提高它们在国内市场上的价格以便逃避这些关税时，母国市场上的消费者剩余就会降低，并且也就得不到税收收入。

与企业存在市场势力相区别的市场失效也对贸易政策有重要的意义。当资本市场是不完全竞争的，企业需要花费时间去学习如何有效地进行生产活动时，潜在的繁荣产业就永远也不会出现，因为企业没有办法承担短期的损失。当企业之间存在如知识外溢这样的正的外部性时，如果企业之间能够达到一定的规模，那么繁荣产业是可能出现的。这些类型的市场失效能够对幼稚产业进行保护：暂时的贸易壁垒可以给新兴产业一定的时间使之变成具有国际竞争力的产业。

1. 母国垄断条件下的关税与配额

基本概念

当母国的产业处在不完全竞争条件下时，为了分析贸易的影响，我们将通过设定母国只有一个企业，并且这个企业的边际收益曲线向上倾斜的假设条件来调整局部均衡模型。在自给自足状态下，母国企业是一个垄断企业，所以它的边际收益曲线向下倾斜。这个企业通过选择恰当的产出水平来实现利润最大化的目标，这个产出水平就是边际收益和边际成本相等时的产量。结果，母国消费者面对的价格要高于这个企业的边际成本。我们假设母国是一个小国，也就是说对于这种产品存在一个固定的世界价格。在自由贸易状态下，母国的价格变成了固定的世界价格，所以这个垄断者就变成了价格的接受者。因为母国企业限制产出以后得不到任何的好处，进口企业的竞争能够提高母国企业愿意销售的产量水平。

关税和进口配额对福利具有不同的影响，因为它们对母国企业的市场势力的影响方式不同。在实施关税的情况下，如果母国企业的价格高于世界价格加上关税水平，那么这个企业将会失去所有的销售量。因此，这个母国企业将继续作为一个价格接受者。只要这个母国企业是价格接受者，关税对这个企业福利的影响就和关税对许多其他母国企业福利的影响一样。在实施进口配额的情况下，进口不能引起母国企业价格的上涨。进口配额降低了国内市场的需求量，但是这个企业仍然面对着一条向下倾斜的产品需求曲线，所以这个企业就会从限制产量而提高价格的过程中获得收益。因此，实施进口配额比实施关税的价格水平更高，但是消费量更少。

关键术语

在关键术语后面的横线上写下你的解释。

市场势力：______________________________

边际收益：______________________________

复习题

问题 1：考虑这样一个产业，在这个产业中母国作为一个小国拥有一个独立的企业，这个企业的边际成本曲线向上倾斜。世界市场上的价格为 P^W。

1a. 在下面的图中，显示出在不允许进行国际贸易的情况下的销售数量和垄断者索要的价格水平。

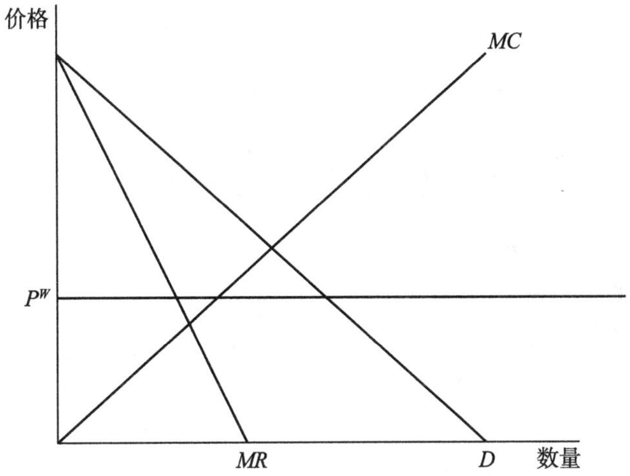

1b. 如果允许进行国际贸易，那么母国单个企业索要的价格是多少？

____

1c. 国际贸易如何影响母国单个企业的销售量？在上面的图中显示出你的答案。

____

1d. 从自给自足状态转变为自由贸易状态的过程是如何影响垄断者的福利的？

____

1e. 从自由贸易状态转变为自给自足状态的过程是如何影响消费者的福利水平的？

____

1f. 从自给自足状态转变为自由贸易状态的过程是如何影响国家福利的？

____

1g. 假设世界价格非常低（在 MR 和 MC 交点的下面）。在这种情况下，当实施自由贸易时，垄断者的产出量会做出什么反应？

提示

尽管生产者剩余和利润是不同的概念，但是这里的生产者剩余依然等于收入（价格乘以销售量）超过生产要素成本（边际成本曲线下方的面积）的部分。这里的不同点就是我们不再用三角形的面积而是用梯形面积来测量生产者剩余。

问题 2：与自给自足状态相比，即使没有进口任何产品，自由贸易能否增加消费者剩余？请解释原因。

问题 3：考虑这样一个产业，在这个产业中母国作为一个小国拥有一个独立的企业，这个企业的边际成本曲线向上倾斜。世界市场上的价格为 P^W。这个国家开始参与自由贸易，并且这个国家征收关税的额度为 t。

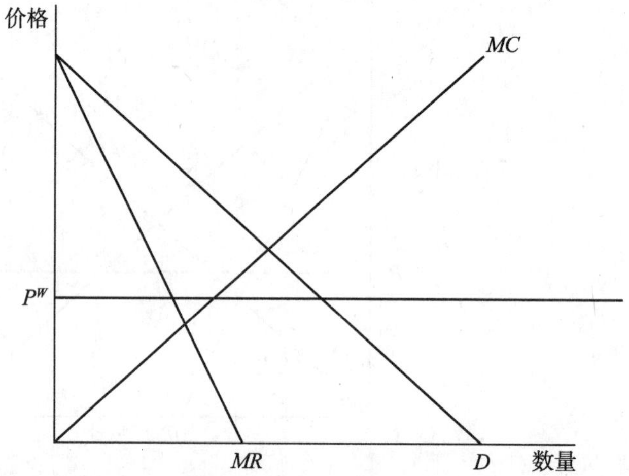

3a. 利用上面这个图显示出关税对生产者剩余、消费者剩余和政府收入的影响。

现在假设政府实施进口配额的贸易政策，这一政策使得进口量和关税为 t 时的进口量相同。

3b. 配额和关税相比，哪项政策对消费者剩余的影响更大？请解释原因。

3c. 由于实施进口配额政策所创造的配额租是高于、低于还是等于由于实施关税政策所创造的收入？请解释原因。

提示

尽管征收关税，母国企业依然是价格接受者，但是实施配额的企业具有市场势力。这里的差异就在于实施配额的进口不能应对母国企业索要的更高价格。

2. 幼稚产业保护

基本概念

这部分讲述了市场失效的几种不同类型，这几种类型有时被用来调整那些限制进口的政策。这部分提到的这个模型的一个关键假设是，随着时间的推移，存在多种规模收益递增的形式。从短期来看，国内企业的成本较高，但是如果它们扩大产量，从长期来看它们的成本是可以降低的。市场失效能够阻止使用这样的收益递增的模式。这里讨论市场失效的两种类型：(1) 不完善的信贷市场；(2) 正的外部性。为了分析不完善的资本市场，我们假设这里有一个单独的企业，因为它缺乏经验，所以这个企业的成本比较高。由于成本比较高，这个企业在短期内的利润为负，但是从长期来看，如果它能获取有效的经验，那么它的成本会降低。从长远来看这个企业也许可以经营下去，但是如果它不能在短期内用贷款来弥补它的损失，这个企业还是会倒闭的。关税可以在短期内降低企业的损失（以降低消费者剩余为代价），但是从长远来看，一旦这个企业的成本降低到具有国际竞争力的水平时，将不再需要关税的存在。为了理解外部性的作用，思考知识外溢这个例子。假设：(1) 企业学习经验，以便利用学到的知识增加它的产量；(2) 一个企业学习另一个企业总结的知识；(3) 知识可以降低一个企业的成本。在这样的背景下，如果企业没有创造出足够多的知识，那么整个产业的成本都会比较高。

因为能够扩大产业产量规模的关税可以降低产业的成本，所以这个产业中的企业能够在世界市场上变得有竞争力。旨在给企业时间让它去成长而征收的关税被称为幼稚产业保护。在正常情况下，关税能够帮助产业降低它的成本，但是未来也许它就不需要关税的帮助了。考虑实施这种政策类型的政府需要权衡一下由关税所引起的消费者剩余减少的短期成本和由关税所引起的生产者剩余增加的长期收益。我们所讨论的这种类型也可以用来保护那些已经落后于它们的国际竞争者的企业。如果一个企业有很好的发展前景，但是目前处于一种困境，并且得不到银行贷款，那么政府可以暂时保护这样的产业。像这种情况的一个例子在教材有关哈雷-戴维森的研究中被讨论过。

关键术语

在关键术语后面的横线上写下你的解释。

幼稚产业：________________

外部性：________________

市场失效：________________

知识外溢：________________

复习题

问题 4：假设你是一个政府官员，负责关税政策的制定和实施。一个商人来到你的办公室，并和你讨论有关进行世界级的黄瓜试验问题，讨论这个问题的前提条件是假设在接下来的 5 年内，对黄瓜的进口只实施了关税政策。

4a. 考虑的这个政策给这个国家带来的支出成本是多少？

4b. 如果黄瓜的世界价格是 P，那么现在生产黄瓜的成本是多少？如果在这 5 年内制定了一项合理的政策，那么此时生产黄瓜的成本又是多少？

4c. 如果这个国家的资本市场是完全竞争的，那么你对这个提议的有效性的看法是否会改变？

4d. 你是否还会提出其他同样能支持幼稚产业的政策措施？

问题 5：一家外国跨国公司在母国新建了一家子公司。这家跨国公司是这个产业中唯一的公司，并且它游说政府以便得到政府对幼稚产业的保护。

5a. 如果这家跨国公司对于保护问题争论的焦点是，资本市场是不完全竞争的，那么跨国公司享受了政府对幼稚产业的保护政策，这是否有利于母国？请解释原因。

5b. 如果争论的焦点是这个产业存在知识外溢的现象，那么跨国公司享受了政府对幼稚产业的保护政策，这是否有利于母国？请解释原因。

问题 6：哪种类型的市场失效能够纠正哈雷-戴维森的保护政策？

提示

为了使幼稚产业的保护政策变得有意义，政府部门必须能够鉴别一种真实的市场失效情况。政府部门如何才能知道这个产业最终将会变得有竞争力？

3. 外国垄断条件下的关税

基本概念

当一个外国垄断者为母国市场提供产品时，母国能够影响它的进口产品的价格。一个垄断者选择提供的产品数量为边际收益和边际成本相等时所对应的产量，反过来这个产量水平决定了这个市场的价格。对外国垄断者征收的关税，增加了垄断企业的边际成本，同时也影响了由这个垄断者提供的产品的数量和隐含的价格。

如果这个垄断者面对的边际收益曲线比需求曲线（这里是指线性需求曲线）更加陡峭，母国就可以通过实施关税来增加它的福利。原因就是这个垄断者最好选择不把它的全部关税以增加消费者开支的方式传递给消费者，这样就会对这个国家创造出类似贸易条件收益的利得。也就是说，这个垄断者承担了一部分关税。如果这个利得超过了消费者剩余的损失额度（请记住母国没有生产者），那么这个国家将会从中受益。对日本卡车所征收关税的例子就证明了这个效应。当日本卡车的关税从4%上升到25%时，一辆卡车的价格对于美国消费者来说上升了12%。

复习题

问题7：母国对由外国垄断者提供的产品的需求为以下给定的方程 $P=100-Q$，这里 P 表示产品的价格，Q 表示产品的销售量。外国垄断者面对的边际收益曲线是 $MR=100-2Q$。假设外国垄断者的边际成本不变，为每单位10美元。

7a. 如果不存在关税，那么外国垄断者索要的价格水平是多少？

7b. 现在假设母国对进口该产品征收的关税为每单位10美元。外国垄断者索要的产品价格是多少？

7c. 关税对母国福利的影响是什么？

问题8：思考图9—1中的需求和边际收益曲线。如图所示，边际收益曲线比

需求曲线更平坦（请注意这两条曲线的弹性相同）。

8a. 利用下面这个图，证明由关税所引起的国内价格的增加幅度大于关税的额度。

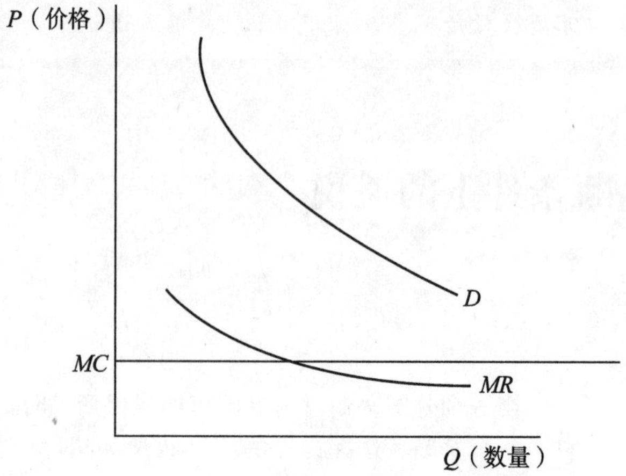

图 9—1　需求曲线比边际收益曲线更陡峭

8b. 在这样的情况下，对外国垄断者征收关税能否增加国家福利？请解释原因。

提示

母国总是可以影响外国企业索要的价格，但是是否能够从关税中获得贸易条件利得，这依赖于需求曲线的效率。

对于一个线性需求曲线所对应的边际收益方程，在第 6 章我们已经讨论过了。

4. 对倾销的政策反应

基本概念

如第 6 章所讨论的那样，倾销现象一般是在不完全竞争条件下才发生。根据 WTO 规则，当外国厂商倾销其产品时，进口国有权随时征收反倾销税。如果进口产品的价格低于出口商在其当地市场上的定价，出口商就在倾销产品。如果不存在出口商的当地价格，那么，确定倾销有两种途径：(a) 将进口价格与该产品在第三国市场上的销售价格进行比较；(b) 将进口价格与该出口商的平均生产成本进行比较。只要满足其中一个条件，那么出口商就在倾销，进口国可以相应地征收一种被称为反倾销税的关税。

不像其他的贸易政策那样，比如说保护关税，一个外国企业能够通过改变它索要的产品价格来影响它所面对的市场的关税水平。事实上所实施的反倾销税等于企业索要的价格与它的公允价值的差额。通过增加公允价值的价格，这个外国企业可以免于缴纳对产品征收的关税。正是因为这种状况的存在，反倾销政策规定了一个境况，如果发生了这样的情况，母国就会单单因为该政策的存在而蒙受损失。由于反倾销税的威胁，产品的价格比较高，但是反倾销税从来没有被应用过，所以就没有税收收入。

这一节所展示的应用就是关键阅读，因为它能说明反倾销政策过度使用的问题。反倾销政策经常导致外国企业改变其行为，在被撤回或者被解决的反倾销案例中，这样的证据占有很大的比例。事实上，美国反倾销法许可美国的企业撤回它们的案件，并且在一定的价格水平和市场份额下，美国反倾销法可以和外国企业达成一致。也就是说，这个法律鼓励美国市场上的本国企业和外国企业进行共谋。

关键术语

在关键术语后面的横线上写下你的解释。

倾销：______

反倾销税：______

反补贴税：______

实质损害：______

歧视性垄断：______

保障性关税：______

复习题

问题 9：考虑下面政府官员的索赔情况。“自从我们实施了反倾销政策以来，我们还没有对任何外国产品征收反倾销税。因此，这个政策对外国生产者没有任何的影响。”请对这个论断给出你的看法。

______

问题 10：为什么经常会出现企业因倾销而要进行索赔的现象？

______

问题 11：依照美国的反倾销程序，如果没有国内竞争者，是否有必要征收反倾销税？

______

提示

由于掠夺性定价所带来的恐惧，曾经有一段时期对反倾销政策进行了纠正。很少提到倾销问题的现代处理方法，可能是因为所实施的反倾销法倾向于减少竞争而不是增加竞争。

第 10 章　农业与高科技产业的出口补贴

概　述

发展中国家的政府部门对当地所有农民的出口产品和农产品的补贴问题，几乎是目前 WTO 协议中所遇到的最具有争议性的话题。我们应用第 7 章介绍的完全竞争条件下的局部均衡模型来分析这些补贴的影响。由于在农业中农场的数量比较庞大，因此假设农业是完全竞争的产业，这个假定是比较合理的。出口补贴和农产品补贴都使接受补贴的生产者获得好处，但是这两种类型的补贴都不可避免地降低了提供补贴国家的福利水平。这两种补贴类型中的农产品补贴增加了生产者剩余，但是它并没有减少消费者剩余，所以这种补贴类型对国家福利的伤害程度是最小的。这也就是所说的瞄准原理：对一个政府的目标具有直接影响的政策，要比那些具有间接影响的政策更加有效。

出口补贴和生产补贴旨在降低大部分出口国家的贸易条件。贸易条件的改变会对国外产生影响。进口国家会从中受益，因为价格的降低所引起的消费者剩余的增加幅度，要大于价格的降低所引起的生产者剩余的减少幅度。然而，出口农产品的那些国家将会受到损失，同时贸易条件也会恶化。在通常情况下，没有获得补贴的生产者会因此受到损失，这就帮助我们解释了，为什么补贴是目前

WTO 协议中的一个热门话题。

相对来说，补贴也普遍存在于高新技术产业中，但是高新技术产业通常都是不完全竞争的。因为战略行为普遍存在于不完全竞争条件下，我们用博弈论来解释政府补贴的战略影响。与完全竞争情况不同的地方是，存在于不完全竞争产业中的补贴，具有提高提供补贴国家的福利水平的潜力。如果说补贴给外国生产者创造了利润，那么补贴带来的福利所得也应该转移给国内生产者。然而，这些产业中的补贴收益是没有保障的，因为这些产业中的补贴收益依赖于这个产业的国际竞争力状况。美国波音和欧洲的空中客车两大航空公司在全球市场上的竞争是众所周知的，这个案例经常被用来讨论本章中的问题。

1. WTO 关于农产品出口补贴的目的

基本概念

农业是目前世界贸易组织多哈回合谈判中的一个重要议题。在谈判过程中取得的重大进步就是取消对农业的出口补贴，但是对农产品进行补贴和征收关税的问题依然是成员国坚持的一个观点。发达国家所实施的农业补贴和关税政策对发展中国家（诸如巴西）的贸易条件会产生严重的影响，因为这些发展中国家在农业上具有比较优势。另一方面，发达国家希望发展中国家开放服务业市场，因为发达国家在服务产业中具有比较优势。目前谈判的一个目的就是改善发展中国家进入发达国家制造业市场的条件。现在的目标就是，允许发展中国家免税获得发达国家市场上 97%的进口产品。这部分的关键问题就是得考虑大量的现实情况。教材中的表 9—1 总结了谈判议程。

关键术语

在关键术语后面的横线上写下你的解释。

共同农业政策：______________________________

间接补贴：______________________________

国内农业支持：______________________________

复习题

问题 1：为什么贸易对话中会谈论发达国家对发展中国家进行食品援助的问题？

____

问题 2：化肥购置税问题能否成为 WTO 的一个议题？请解释原因。

提示

1947 年成立的 GATT 的重点就是要降低制造业的贸易壁垒。在那一时期，基本上没有考虑农业和服务业。这也是为什么这些领域现在成为谈判焦点的一个原因。

2. 母国为小国时的农产品出口补贴

基本概念

我们应用第 7 章介绍的完全竞争条件下的局部均衡模型来分析出口补贴的影响。母国是一个小国，产品的固定世界价格为 P^W。当出口补贴为 s 时，生产者在世界市场上销售产品所获得的收入就上升为 P^W+s。较高的价格可能导致母国生产者扩大它们的供给量，而国内的消费者同时会缩减他们的需求量，结果就是这个国家的出口量会增加。因为在任何给定的世界价格水平上，母国都希望出口更多的产品，这样在表示世界市场的图表中，出口供给曲线向右移动。

因为母国作为享受补贴产品的出口商，所以母国市场上的较高价格给生产者剩余带来的增加额要大于给消费者剩余带来的减少额。然而，母国的福利水平是下降的，这是因为政府的补贴成本要高于生产者剩余的增加额。因此，出口补贴带来的无谓损失，等于生产和消费的损失（生产者生产过剩，而消费者需求缩减）之和。如果供给曲线和需求曲线都是线性曲线，这个无谓损失就可以通过计算三角形的面积来获得。这个三角形的高度等于补贴额，这个三角形的底等于出口增加额。

关键术语

在关键术语后面的横线上写下你的解释。

消费损失：______________________________

生产损失：______________________________

复习题

问题 3：请解释为什么一个实施出口补贴的国家还会经常同时对相同的产品

制定关税。

问题 4：图 10—1 显示的是母国出口供给曲线。母国是一个小国，它面对的世界价格是 10 美元，并且母国愿意在世界市场上出售的产品数量是 100 单位。假设母国政府给出口商的补贴是每单位 1 美元，这时出口增加到 120 单位。

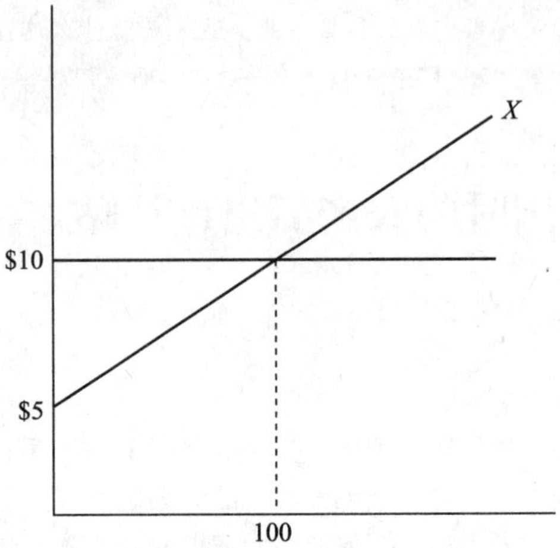

图 10—1　一个小国的出口供给曲线

4a. 这个政府的补贴成本是多少？

4b. 补贴会给国家福利带来什么样的影响？

4c. 在图 10－1 中表示出无谓损失和补贴成本。

问题 5：一个小国实施的出口补贴为 s。图 10－2 显示了这个补贴所带来的影响。

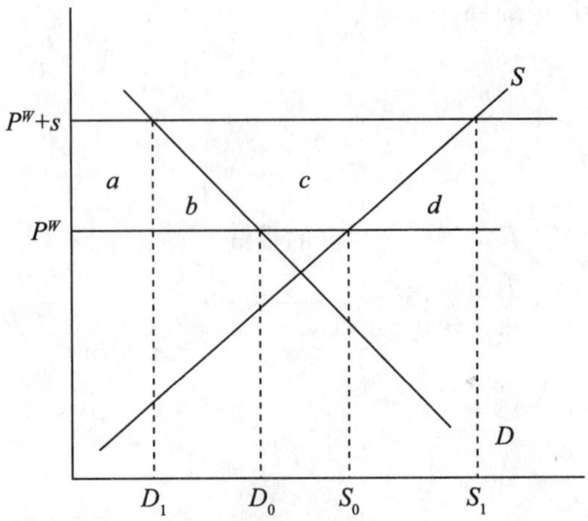

图 10—2　在母国市场上出口补贴的影响

5a. 政府的出口补贴成本是多少？________________

5b. 补贴给生产者剩余带来的影响是什么？________________

5c. 根据给定的价格和产量信息，给出有关消费损失额的方程。

____

问题 6：假设母国是一个巧克力的进口国。这个国家是一个小国，所以在世界市场上巧克力的价格是固定的。这个国家能否通过使用出口补贴的方式把它变成一个巧克力的出口国？请解释原因。

____

提示

国家间的贸易能够给国家创造利润，但是这并不意味着国家一定要对出口进行补贴。对许多没有学过国际贸易课程的人来说，这也许不容易理解。

3. 母国为大国时的农产品出口补贴

基本概念

在完全竞争条件下的局部均衡模型中，出口补贴给一大部分出口商都带来损失。出口补贴导致母国扩大在世界市场上的供给量。因为母国是一个大国，所以它面对着一条向下倾斜的需求曲线，并且世界市场上产品供给量的增加又会导致世界价格的下降。因此，出口补贴给出口国家带来了贸易条件损失。这个损失表现为福利从母国政府转移给外国消费者。母国福利的降低额度等于无谓损失和补贴引起的贸易条件损失之和。

关键术语

在关键术语后面的横线上写下你的解释。

贸易条件：________________

复习题

问题 7：母国是国际市场上的一个大的自行车出口国。这个国家在自行车价格为 100 美元时，出口自行车 100 辆。政府部门对每辆自行车的出口补贴额是 10 美元。结果是出口量上升了 50 辆，但是自行车的世界价格降低到每辆 95 美元。

7a. 政府部门的出口补贴成本是多少？______

7b. 补贴给母国的福利带来什么影响？（给出一个具体的数。）

______

7c. 补贴给外国的福利带来什么影响？（给出一个具体的数。）

______

7d. 在下面的图中显示出出口补贴对国外进口国家的消费者和生产者带来的影响。

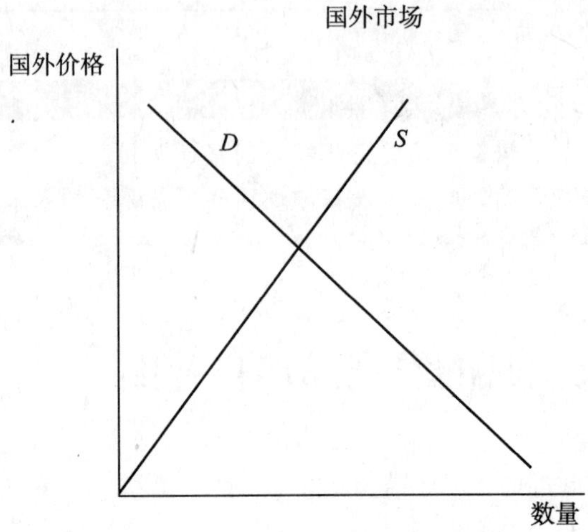

7e. 利用下面这个世界市场图，显示出每个国家的贸易条件影响和无谓损失。

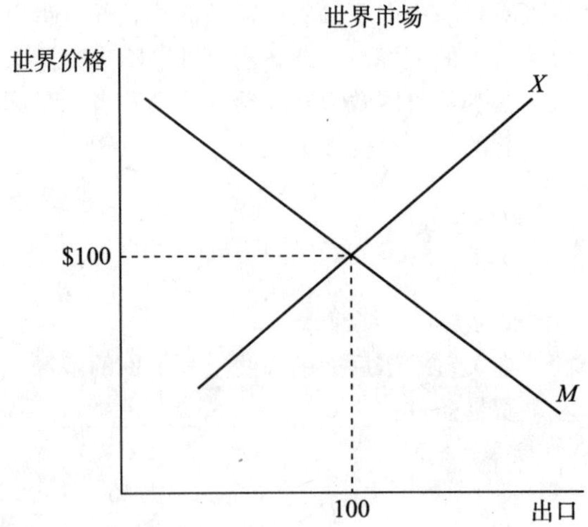

7f. 外国企业是否会控告母国企业在外国的市场上倾销它们的产品？

______

7g. 在这样的情况下，外国企业会实施 WTO 所拥护的哪些贸易政策？

______

提示

请注意：母国贸易条件的损失额超过了外国福利的所得额。注意到这一点是很重要的。之所以提出这个论点，就是为了说明，如果增加外国的福利是这项政策的主要目的，那么对国外直接支付现金可能更有效。

出口补贴给出口国和进口国创造了一个价格差，这样可能引起进口国控告出口国进行了倾销行为。

问题 8：假设母国实施一项出口税，那么母国如果想出口一单位产品，出口商就必须要支付出口税 T。母国是世界市场上的一个大国。

8a. 利用下面这个图表，说明出口税对出口量、世界市场上的价格和母国市场上的价格的影响。

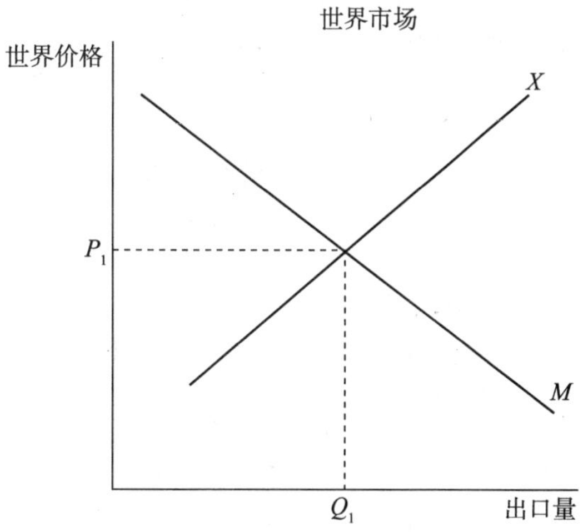

8b. 出口税对母国生产者剩余、消费者剩余和政府收入的影响各是什么？

8c. 请给出出口税和出口补贴对国家福利的影响的异同点。

提示

出口税恰恰是负的出口补贴，所以出口税对福利的影响和出口补贴对福利的影响正好相反。因为出口补贴会不可避免地引起国家福利损失，所以出口税一定会增加国内的福利水平。

4. 农业生产补贴

基本概念

出口补贴降低了一个国家的福利水平，但是出口补贴能够增加这个国家的生产者剩余。如果实施这项政策的最初目的就是为了增加生产者剩余，那么实施生产补贴政策能实现这个目标，并且这项政策成本还会低于出口补贴政策成本。为了说明这个问题，考虑母国是一个小国的情形。生产补贴将支付给生产者的价格提高为世界价格加上生产补贴额，但是它对消费者支付的价格没有影响。因为消费者支付的价格没有变化，所以实施生产补贴后，消费者剩余是没有损失的。因此生产补贴能够像出口补贴一样增加生产者剩余，但又不会引起消费损失。因为生产补贴在引起更少损失的前提下，达到了和出口补贴相同的目的，所以说生产补贴是一个更优的政策措施。瞄准原理认为最好是应用那些能够更直接实现目标的政策工具。

如果出口国是一个大国，那么两种补贴类型都将会产生贸易条件影响。正因为如此，在 GATT 第 16 条的限制下，生产补贴也会下降。然而，因为生产补贴的下降不会引起国内消费的下降，所以生产补贴对出口的影响要小于出口补贴对出口的影响，这里的出口补贴主要是用来提高生产者剩余。因此，由生产补贴所引起的贸易条件损失要低于由出口补贴所引起的损失。

关键术语

在关键术语后面的横线上写下你的解释。

生产补贴：______________________________

瞄准原理：______________________________

复习题

问题 9：思考图 10—3 所显示的信息。5 美元的补贴已经改变了母国这个小国的生产情况。

9a. 为了让生产者生产 200 单位产品，政府的预算成本是在实施生产补贴政策时高还是在实施出口补贴政策时高？

____

9b. 实施生产补贴时的生产损失规模是多少？实施出口补贴时的生产损失规

模又是多少？（给出一个具体的数字。）

9c. 这两种补贴类型所引起的消费损失规模各是多少？

9d. 如果选择实施出口补贴而不是生产补贴，那么增加的国家福利损失是多少？

9e. 如果母国是一个大国，哪种类型的补贴方式会对外国生产者产生更大的影响？

9f. 如果母国曾经是一个大国，那么生产补贴会给母国消费者剩余带来什么样的影响？

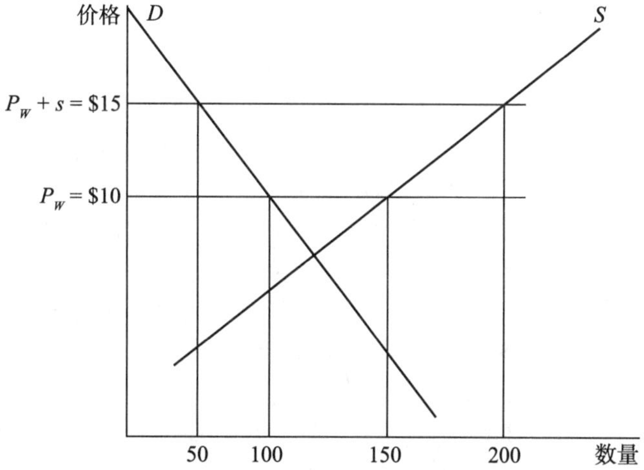

图 10—3 生产补贴与出口补贴

提示

能给世界价格带来影响的任何一项政策，都会给外国福利带来影响。

问题 10：假设母国是一个小国，母国正在进口一种产品，并且政府部门希望通过提供生产补贴来增加生产者剩余。这个补贴的实施能够使这个国家变成这种产品的出口国吗？

提示

问题 10 只是说明政策是如何被扭曲的。在这样的情况下，没有一项进口关税能够把这个国家变成出口国。

5. 高科技产品出口补贴

基本概念

我们对完全竞争条件下的模型的分析，给我们留下一个很深的印象就是，不管是出口补贴还是生产补贴，这两种补贴都会降低接受补贴国家的福利水平。但是，这两种补贴又是很常见的。下面存在对这个问题的两种可能解释。第一，这些政策可能损害国家的福利，但是政府实施这些政策给生产者带来的好处要大于消费者，这或许是因为政策原因。第二，这个模型遗漏了一些重要的信息，实际上这些补贴有利于国家福利的提高。这一节的最后一部分将讨论上面第二种解释。

实施补贴的一个可能动机就是增加一种生产活动的产量，这种生产活动对其他生产活动会产生正的外部性。这种外部性对高技术产业来说是非常重要的。因为这个论断和之前在第 9 章讨论的幼稚产业保护非常相似，所以在任何地方都没有详细地讨论过这个解释。

当一个产业存在不完全竞争时，实施补贴的第二种动机就可能会出现。当一个产业处于不完全竞争条件时，可能会发生两种情况。一方面，这些产业中的企业将实施战略性行为，我们可以应用博弈论来更好地理解它们的行为。另一方面，那些处于不完全竞争产业中的企业可能会获得利润。在这两种情况下，政府补贴可能会改变企业之间的竞争实质，在这种方式下，外国企业所获得的利润就会转移给国内企业。利润的转移能够改善提供补贴的国家的福利。

对这个论断的一个经典批判就是战略性贸易政策是可取的，实施战略性贸易政策要求一个产业一定要符合许多标准，并且政府很难评估这种情况。当不能满足这些标准时，补贴导致国家福利降低的方式，与完全竞争模型中分析的补贴导致国家福利降低的方式大致相同。无论补贴给实施补贴国家的福利带来什么影响，补贴总是会影响其他国家的福利。

因为这本书中不止一次地要用到博弈论，又因为不是所有的经济学入门课程都会讲述博弈论，所以这里有必要复习一下博弈论。这本书中所考虑的博弈，总是包括两个参与者，这两个参与者必须在两种行为中做出自己的决定。由每个参与者所选出来的行为，都会给这个参与者一个回报，但是这个回报的大小要依赖于另一个参与者选择的行为。这就要求一个参与者要具备战略思想：如果一个参与者选择行为 A，那么我就选择行为 B。当给定另一个参与者所选择的行为时，如果每个参与者所选择的行为都能够给这个参与者带来最大的回报，那么这个博弈的纳什均衡就实现了。

思考下面的例子。这两个参与者是汉克和麦克，因为两个案件，他们被警察逮捕起来。警察有确凿的证据证明这两个人都是未成年人罪犯，但是他们都犯过许多严重的罪名。警察分别单独审讯这两个罪犯，并且他们每个人都可以采取两项行动：他们可以（1）坦白他们所犯过的罪行或（2）保持沉默。如果汉克和麦克都选择保持沉默，他们两个都将被宣判未成年人罪，并要在监狱服刑两年。如果汉克和麦克都坦白，他们每个人都将监外服刑 4 年。如果只有一个人坦白，那么坦白的这个人将在监狱服刑 1 年，另一个没有坦白的要在监狱服刑 6 年。汉克和麦克都希望在监狱服刑的日子越短越好。

这个博弈被称为“囚徒困境”，这本书的很多地方都应用了这个例子。这个例子中的关键一点是，如果这两个参与者合作，他们（在这本书中，通常都是政府实施政策）都能从中获益，但是如果一个人拒绝合作，这个人就会得到一定的奖励。结果就是，参与者的战略行为导致他们的处境更加困难。为了说明这些，我们来分析一下这个博弈。第一步就是组织信息，以便弄清楚每个参与者的回报之间的关系，以及每个参与者采取的行动。这一步的结果展示在下面的支付矩阵里。

		麦克	
		坦白	沉默
汉克	坦白	−4 −4	−6 −1
	沉默	−1 −6	−2 −2

在这个支付矩阵中，每一行对应着汉克所采取的行动，每一列对应着麦克所采取的行动。根据两个参与者选择行为的排列方式，每个方格中的数字都代表参与者的回报，左下角的数字对应着汉克的回报，右上角的数字对应着麦克的回报。例如，如果麦克坦白而汉克没有坦白，汉克将得到的回报是−6，而麦克将得到的回报是−1。（在监狱度过的时间是一个不利因素，所以这些数字是负的！）

一个博弈的纳什均衡是指每个参与人针对其他参与人的策略做出最佳反应的情形。假设麦克坦白，那么对于汉克来说，所采取的最好的行为就是也坦白，因为−4 大于−6。如果麦克保持沉默，汉克最好的做法就是坦白，因为回报−1 要高于回报−2。假设麦克的回报和汉克的回报是对称的，这个博弈的纳什均衡就是汉克和麦克都坦白，因为只有这样做，每个参与人才可以根据另外一个人的选择做出最有利于自己的选择。

虽然囚徒困境的例子只有一个均衡状态，但是其他具有不同回报的博弈可能有多个均衡状态。教科书中所介绍的波音和空中客车的博弈就是这样的情况。为了说明回报对均衡的敏感性，我们假设在麦克和汉克的实例中，如果这两个人都不坦白，那么他们就可以逃避坐牢，而其他的回报仍然和之前一样。在这样的情况下，这个博弈就有两个均衡状态：一个均衡状态就是两个人都坦白，另一个均衡状态就是两个人都保持沉默。如果没有任何附加的信息，我们不能预测到底哪个均衡将会实现。

关键术语

在关键术语后面的横线上写下你的解释。

双寡头：______

博弈论：______

纳什均衡：______

先动者优势：______

外部性：______

支付矩阵：______

复习题

问题 11：思考教科书中提到的波音和空中客车的模型。

11a. 在这个模型中，是否存在类似于无谓损失的其他福利损失？

______

11b. 如果美国打算通过提供补贴来报复欧盟提供补贴的行为，那么双方的福利会发生什么变化？

______

11c. 根据你对问题 11b 的回答，解释美国和欧盟签订它们有关大型飞机的 1992 年协定的原因。

______

提示

这部分提到的论点非常适合描述波音和空中客车两家公司的关系，但是其他的产业中就很少有这么合适的例子。

这个大型航空产业的条件符合这个模型的要求，但是下面要给出一个提示，那就是空中客车公司给出的一个经验性建议：一个人应该谨慎地选择一个模型来解释这个产业的情况。

第 11 章　国际协定：贸易、劳工与环境

概　述

国际协定对各国所签署的政策实施限制。各个成员国允许协定限制它们的政策选择，因为这个协定也限制了其他参与国的政策选择。例如，WTO 中的成员国被要求遵守一系列规定，比如说最惠国原则。这一章讨论有关国际协定的问题，国际协定影响与国际贸易相关地区的政策，包括贸易政策、劳动力水平和环境规制。

世界贸易组织的成立是多边贸易协定所带来的结果，多边贸易协定被用来避免国家之间出现囚徒困境。国家保护本国产业，会获得一定的奖励，但是关税和配额会给它们的贸易伙伴带来负面影响。如果每个国家都有动力去保护本国产业，那么结果就是贸易所得将会减少。但是每一方都能从自由贸易中获利，鉴于其他国家给一个国家提供了保护措施，那么最好的方式就是该国也要给其他国家提供保护措施。

区域贸易协定要求它的成员国允许彼此之间进行自由贸易，而对这个协定之外的国家可以保留关税政策。这些协定可以在参与国之间创造贸易机会，但是它们也能从这些协定之外的国家那里转移贸易。区域性贸易协定经常包括关于劳工

标准的副协议，这些标准都是有关劳工问题的一些规定，比如说职业安全问题和童工问题。发展中国家接受这些劳工标准，目的是为了得到区域贸易协定的允许，允许它和发达国家进行贸易。发展中国家中的政策制定者和许多经济学家都担心这些协定可能会是变相的贸易保护措施，之所以有这样的担忧，至少是因为发达国家存在增加低工资水平国家的生产成本的愿望。

这一章所讨论的最后一个国际协定类型就是多边环境协定，这类协定专门用来处理环境政策。在世界贸易组织的背景下，存在许多关于这个协定的争议，这些争议要求允许国家保留它们自己的有关环境的规定，只要这些规定能够公平地对待外国企业和本国企业就行。

一个更具有争议性的严重问题就是国际贸易是否真的会破坏环境。这种担忧是有理论依据的，特别是依据在共同产权这种情形中所阐述的内容。国际贸易能够加剧公地悲剧的程度，导致消耗更多的自然资源，也能够引起一种不同形式的囚徒困境。再次声明，囚徒困境的存在表明需要存在更多的国际协定。

1. 国际贸易协定

基本概念

多边贸易协定和区域贸易协定被用来降低国家之间的贸易壁垒。多边贸易协定涉及的国家范围很广泛，然而区域贸易协定经常将国家范围限定为少到两个国家。拥有 140 多个成员国的世界贸易组织，被称为是一个关于多边贸易协定的规模最壮观的例子。世界贸易组织的存在归功于它的成员国都希望克服出现囚徒困境。为了说明囚徒困境的本质，考虑这样一个只有母国和外国两个国家的世界。母国出口产品 A，进口产品 B；外国进口产品 A，出口产品 B。通过对产品 B 实施最优关税政策，母国能够以牺牲外国利益为代价来增加它的福利水平，这是因为母国的贸易条件利得超过它的无谓损失。外国福利的下降程度是贸易条件损失和无谓损失之和。通过对产品 A 实施关税政策，外国能够以牺牲母国利益为代价来增加它的福利水平。当两个国家都实施关税政策时，它们在进口产品时所获得的贸易条件利得，将被在出口产品时所承受的贸易条件损失完全抵消掉，所以结果就是两个国家都只剩下无谓损失。这个结果就是囚徒困境博弈中的纳什均衡。世界贸易组织能够通过下面三种方式来避免发生囚徒困境：(1) 对贸易政策的应用实施规则管理；(2) 提供一个论坛来就降低每种产品的关税进行谈判；(3) 提供一种争端解决机制。

能与多边贸易协定产生相似效果的一个协定，就是区域贸易协定。区域贸易协定是指，签订这个协定的成员国之间取消了彼此的贸易壁垒，但是对这个协定以外的其他国家仍然保持关税政策。因为这个协定范围之外的国家没有得到相同的待遇，所以这些协定本质上都是存在歧视的。GATT 第 14 条允许存在最惠国待遇政策的特例。因为这些协定本质上是存在歧视的，它们的批判者经常把这些协定称为特惠贸易协定。

区域贸易协定有两种形式：自由贸易区和关税同盟。尽管这两种类型的协定都涉及成员国之间的自由贸易，但是关税同盟要求成员国对协定之外的国家实施相同的关税代码，而在自由贸易区允许国家之间存在不同的关税代码。国家实施原产地原则，是为了避免将进口产品从自由贸易区中关税较低的国家转运到关税较高的国家。

尽管区域贸易协定降低了国家之间的贸易壁垒，但是它们可能增加福利水平，也可能不能增加福利水平。区域贸易协定对贸易模式存在两种影响类型。当一个成员国从另一个成员国进口原本自己生产的某产品时，贸易创造就发生了。当一个成员国从另一个成员国进口原本从该新贸易区以外的国家进口的某产品时，贸易转移就发生了。贸易转移能够引起进口国家的福利降低，这是因为这个国家不能继续积攒关税收入。从全球化的角度来看，贸易转移引起世界资源的低效利用，因为产出量在低成本生产者和高成本生产者之间被重新分配。

关键术语

在关键术语后面的横线上写下你的解释。

多边协定：______________________________

贸易条件利得：______________________________

囚徒困境：______________________________

区域贸易协定：______________________________

优惠贸易协定：______________________________

自由贸易区：______________________________

关税同盟：______________________________

原产地规则：______________________________

贸易创造：______________________________

贸易转移：______________________________

复习题

问题 1：教科书中设立的囚徒困境的特征是，一个世界只有两个大国。如果这个世界只有一个大国，并且有许多小国，那么上面的逻辑是否依然成立？请解释原因。______________________________

问题 2：假设许多小国想要成立一个关税同盟。这个关税同盟会给囚徒困境带来什么影响？______________________________

提示

在形成囚徒困境时，假设两个国家相同是很重要的。如果一个国家能够从实施最优关税政策的过程中获得比另一个国家更多的利益，那么就不能确定这个国家是否依然能从国际贸易协定中获益。

问题 3：假设母国加入自由贸易区。母国是否可以从自由贸易区以外的国家进口一种同质产品，同时又向自由贸易区的其他国家出口同样的产品？请解释原因。________________

问题 4：利用下面代表母国市场的图，展示一个区域贸易协定中所提到的贸易创造的例子。________________

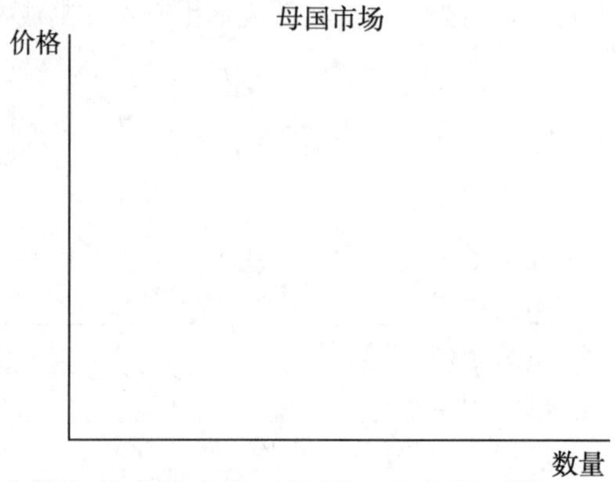

问题 5：母国市场上的产品来自于以下三个途径：第一，来自于母国自己的生产者的生产，这些生产者的固定边际成本是 C_H；第二，来自于国家 B，这个国家的生产者的边际成本是 C_B；第三，来自于国家 A，这个国家的生产者的边际成本是 C_A。母国生产者的边际成本最高，而 A 国生产者的边际成本最低。母国开始对这两个国家实施最惠国关税 t。

5a. 如果母国和 A 国制定了一个区域贸易协定，那么这个协定能够引起贸易转移吗？如果可以，在什么条件下才能实现？

____

5b. 如果母国和 B 国制定了一个区域贸易协定，那么这个协定能够引起贸易创造吗？如果可以，在什么条件下才能实现？

____

现在假设母国一直都没有生产过这种产品。图 11—1 显示出 A 国和 B 国的边际成本曲线，以及母国的需求曲线。

5c. 在图 11—1 中画出关税对区域贸易协定之外的国家的生产成本的影响，通过这个影响来说明贸易转移的情况。________________

5d. 从你对问题 5c 的回答来看，区域贸易协定能否带来福利收益？请解释原因。________________

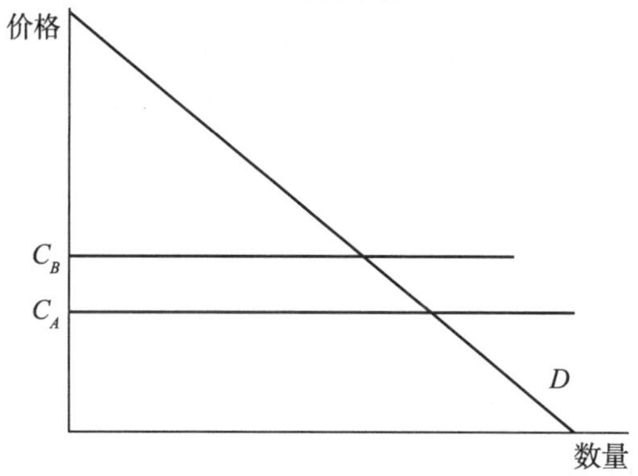

图 11—1　贸易创造和贸易转移

提示

如果区域贸易转移能够导致进口的持续增长，那么即使一个特定产业中发生的区域贸易转移也可以改善一个国家的福利状况。我们在图 11—1 中尝试了多种不同的画法，结果就是，画法不同，相对于贸易收入损失来说，区域贸易协定给消费者剩余带来不同的变化程度。

2. 关于劳工问题的国际协定

基本概念

区域贸易协定通常会包括那些与贸易政策不直接相关的附加协议。当区域贸易协定中成员国之间的经济发展水平存在很大的差异时，这些附加协议通常就会发挥超越劳工标准的作用，劳工标准包括职业健康和安全性问题、童工问题和最低工资问题。消费者和政策制定者出于对国外工作条件的关心，他们都支持劳工标准。工会经常提议将劳工标准作为贸易协定的一部分，工会之所以会提出这样的建议，是因为它们担心海外劳工标准比较低，这样会给美国工人创造更大的竞争压力。

发展中国家的经济学家和政策制定者都对将劳工标准和贸易协定相联系的这个提议的动机和所能带来的好处持怀疑的态度。很多人都认为对劳工标准的强调实际上是一种变相的保护政策，因为这些规定可能导致那些受到影响的国家中的生产成本大幅提高。特别需要关注的是，这个提议给发展中国家的企业带来了支付最低生活工资的压力。尽管没有正式地定义最低生活工资，但是它可以解释为一种高于发展中国家规定的工资。经济理论表明，远远高于市场工资水平的工资可能增加发展中国家的失业率，或者将逼迫工人进入不受管制的非正规部门。

最后，一些证据表明，非政府组织已经通过给企业施压的方式来改善它们的工作条件。它们的成功表明恶劣宣传是一种改变企业行为的有效工具。

关键术语

在关键术语后面的横线上写下你的解释。

劳工标准：________________________________

最低生活工资：________________________________

复习题

问题 6：根据全国经济研究局的调查结果来看，消费者愿意对那些在良好工作条件下生产出来的产品支付额外费用。非政府组织会如何利用消费者的这种情绪去改善发展中国家的工作条件？________________________________

问题 7：请解释为什么经济学家对那些存在劳工标准的发展中国家的贸易协定持警惕态度。________________________________

问题 8：假设一个经济体存在两个部门：一个是遵守政府规定的正规部门，另一个是不遵守政府规定的非正规部门。每个部门都存在与这个部门相关的特定要素，并且劳动是这两个部门的流动要素。这两个部门所生产的产品的价格在世界市场上是固定的。假设政府要求正规部门支付一个高于市场工资的最低生活工资。

8a. 这个正规部门的就业情况会发生什么变化？请解释原因。

____

8b. 非正规部门的工资支付情况会发生什么变化？请解释原因。

____

3. 关于环境问题的国际协定

基本概念

许多环境学家基本上都对国际贸易持怀疑的态度，尤其是对世界贸易组织的怀疑。当有关环境的政策能够给国际贸易带来一定的影响时，这些政策就会和世界贸易组织的规定发生冲突。例如，《美国海洋哺乳动物保护法》要求美国渔民在捕捉金枪鱼时应使用对海豚安全的渔网。在 WTO 成立之前的 1991 年，美国禁止从墨西哥进口金枪鱼，GATT 裁定这个禁令违反了 GATT 关于非歧视性的规定。然而，我们来看世界贸易组织的规定，这些规定并没有很明显地不利于环境。GATT 第 20 条允许国家采用它们倾向的任何一种环境法，但有一个前提就是，它们所应用的法律对于国内生产者和国外生产者来说规则都是一样的。当一个国家调节它的生产工艺过程而不是调节它的产品时，问题就会产生。过去世界贸易组织规定，一个国家不能以产品的生产方法作为对他国产品实行贸易限制的基础，并规定这样的一个禁令相当于把一个国家的规则强加给另外一个国家。世界贸易组织以这种方式来标记主要是为了反映产品的生产方法是没有争议的，这样相关的消费者就可以避免购买那些以损害环境为代价而生产出来的产品。

国际贸易本身的性质能否加速环境的退化？这是一个开放性的主题，有很多实例都能够用来支持这个问题的两个方面。例如，美国最节能的汽车是由外国制造者所生产的，所以一旦限制了这些汽车的进口，美国的燃油效率就会恶化。那些担心国际贸易会对环境产生负面影响的人，可以找到许多理论来支持他们的观点。尤其是在自然资源属于公共产权的地方，这种说法就更具有说服力。公共产权倾向于被过度使用，经常被提到的一种常见现象就是公地悲剧。国际贸易能够通过把全球对资源的需求导向某一个特定的国家或者地区的资源的方式，来加剧公地悲剧现象，这样，在自由贸易状态下，过度使用自然资源的程度要更加剧烈。这样的例子比比皆是。比如，大规模的全球化市场鼓励对热带树林的滥砍滥伐。像二氧化碳排放这样的全球性污染问题就和公地悲剧问题相似：松懈的管制能够给一个国家带来生产优势，而所有国家都会遭受污染带来的后果。作为囚徒困境的另一个例子，这样的情况被称为多边协定。

关键术语

在关键术语后面的横线上写下你的解释。

多边环境协定：________________________________

公地悲剧：________________________________

公共财产：________________________________

《京都议定书》：________________________________

复习题

问题 9： 母国在生产纸箱的过程中，要求使用至少 40%的再生纸，同时母国禁止从外国进口纸箱，因为外国纸箱的生产不使用再生纸。

9a. 如果外国向世界贸易组织发出抱怨，那么世界贸易组织可能如何处理和裁定这件事情？________________________________

9b. 如果母国要求纸箱的制造者在它们生产的纸箱上标记出再生纸的含量，

那么这个要求是否违背了世界贸易组织的规定？

问题 10：假设富裕国家比贫困国家的环境保护意识更强，它们生产产品的过程对环境的污染程度不同，污染管制法规对污染严重的产业征收较高的费用。通过世界贸易组织对污染进行管制，关税会以怎样的方式降低？

问题 11：斯尼德产业生产一种大家都需要的产品，但是这个产品的生产会带来很大的污染。假设许多类似的国家都存在斯尼德企业。这些污染能够通过使用替代产品技术来加以控制，但是这增加了产品的边际成本。

11a. 如果斯尼德产业制造的污染主要对本地区产生影响，那么是否需要制定国际协定？

现在假设斯尼德产业制造的污染属于全球性的。

11b. 如果所有的国家都要求斯尼德产业使用低污染生产技术，那么斯尼德产品在世界市场上的价格会发生什么变化？

11c. 假设你们国家是唯一一个没有签署要求使用低污染技术的国际协定的国家。一旦这个协定被付诸实践，你们国家的斯尼德产业会给生产者剩余带来什么影响？

11d. 根据你对 11c 题的回答，请解释为什么很难让所有国家都签署有关斯尼德生产技术的国际协定。

提示

问题 10 是根据污染避难所假说提出来的。这个假说是指，降低关税可能导致将污染严重的产业迁移到贫穷的国家，这个国家的环境管制力度很小。

问题 11 表明了这样一个观点，当存在很多国家时，对于单个国家来说，就存在免费从其他国家的有利行动中获益的动机，也就是通常所说的搭便车现象。

学习指导习题集解答

第1章　全球经济中的贸易

1. 在书中所给的例子中，美国对中国有大规模的贸易赤字，但是这并不代表这些商品完全是在中国境内生产的。实际上，中国需要从很多其他国家进口原材料等用于生产这些商品，因此这部分商品的价值一部分是来自于这些国家而非中国。

2. 一些小国家因为周边有很多贸易伙伴国，因此它们的贸易额/GDP比率都较高。因为一些像美国这样的大国，其国内市场已经很大从而导致其国际贸易额与它的总产出相比只占相对很小一部分。

3. 中国香港和马来西亚进口大量的产品，在给这些产品添加一定的增加值之后再重新出口到国外。在某种意义上，因为这样的贸易包括来自国外的增加值，因此也称为“总贸易额”或者“毛贸易额”。但是GDP只核算国内生产的增加值，因此也称为“净值”。

4. 历史上两段全球化发展的“黄金时代”被一段很长的时期打断，在这个长时期里很多国家对贸易采取了内向观望的审慎态度。一个经济体的外向化程度(全球化程度)在很大程度上取决于政府的政策导向。过多的贸易壁垒将导致全球化进程的停滞不前。

5. 错误。在发展水平处于相似水平的国家之间移民量非常大。重点需要记住的是，一个国家的种种移民限制政策对于移民的方向具有强烈的影响。

6. 如果货物的物流成本高或者有较高关税，一个国家有可能在许多不同的国家内生产同一种产品。贸易壁垒也可以导致本土化生产变得更加有利可图。

7. 纵向对外直接投资更容易引起贸易扩张。为了降低生产成本，一个商品的生产会被移到国外进行。譬如，一家美国的跨国企业可能会在墨西哥生产洗衣机，而这些洗衣机将被销往美国本土市场。横向的外国直接投资更容易引起贸易的紧缩，因为一些公司将用本土化生产代替向一些跨国公司的母国进行出口。

第 2 章　贸易与技术：李嘉图模型

1a. 可以用不止一种方法解答出此题。首先可以利用教材中使用的方法：计算如果所有的 100 位工人都生产衬衫的话将一共生产出多少件衬衫（100 位工人×2 件衬衫每人），将该数值标在坐标系的 Y 轴上，用同样的计算方法（100 位工人×5 个苹果每人）得到 X 轴上的数值并在两个数值之间划出一条直线，则该直线的斜率就是所要求的增长（200）超过消耗（－500）的比值。

另外一种更加复杂但是更有启发性的方法是对生产可能性边界建立一个等式。假设 L_A 是生产苹果的工人数，L_S 是生产衬衫的工人数。如果所有的工人都被雇用（只是我们假设如此），则 $100=L_A+L_S$。技术表明生产的苹果的数量是 $Q_A=5\times L_A$，而生产的衬衫的数量为 $Q_S=2\times L_S$。将这两个数量结合在等式中我们可以得到

$$100=\frac{Q_S}{2}+\frac{Q_A}{5}\Rightarrow Q_S=200-\frac{2}{5}Q_A$$

这个等式可用图 2—2 表示出来。

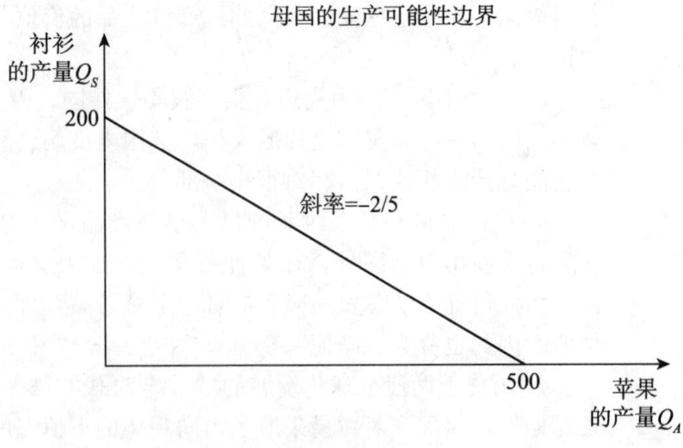

图 2—2

1b. 我们已经假设技术没有沉没成本。无论有多少苹果和衬衫被生产出来，一个工人都可以生产出 2 件衬衫或者 5 个苹果。因此，如果把一个工人从衬衫生产中抽离去生产苹果，则衬衫的产出总是会下降 2，而苹果的产出总是会上升 5。

1c. 苹果的机会成本是 2/5 件衬衫。这是在问题 1a 中所绘的生产可能性边界图的斜率的绝对值，只是因为我们把苹果画在了 X 轴上，而把衬衫画在了 Y 轴上。为了多生产一个苹果将要求多 1/5 个工人，因为 $MPL_A=5$。1/5 个工人可以生产 2/5 件衬衫（1/5 个工人×2 件衬衫每人）。

1d. 衬衫的机会成本是 5/2 个苹果。这并不是在问题 1a 中所绘的生产可能性边界图的斜率，因为我们把苹果画在了 X 轴上，而把衬衫画在了 Y 轴上。为了多生产一件衬衫将要求多 1/2 个工人，因为 $MPL_S=2$。1/2 个工人可以生产 5/2 件衬衫（1/2 个工人×5 个苹果每人）。

1e. 见图 2—3。

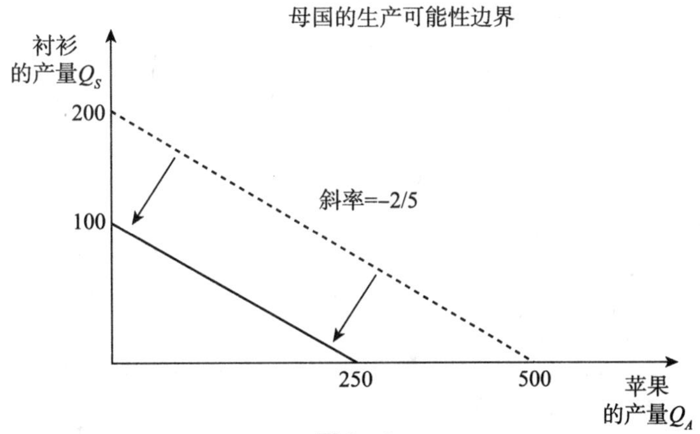

图 2—3

1f. 一个国家规模的改变只会导致 X 轴和 Y 轴上的截距发生变动，并不会使生产可能性边界的斜率发生改变，因此也不会影响一个物品对另一个物品的机会成本。

1g. 与问题 1e 一样，生产可能性边界向内移动，因此截距是之前的一半。见图 2—3。

1h. 见图 2—4。

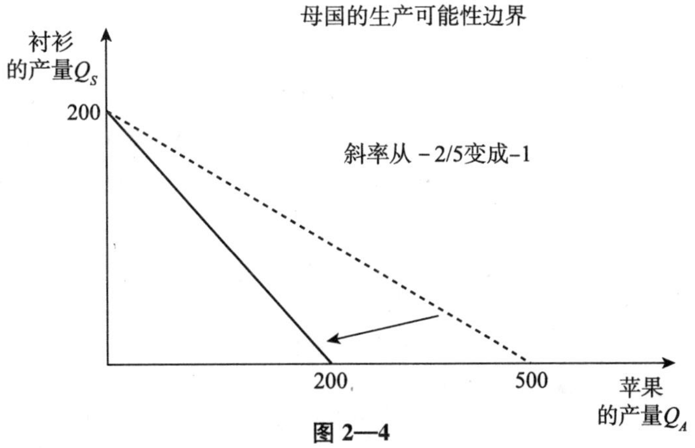

图 2—4

1i. 这个变化使得苹果对衬衫的机会成本发生了变动，因为其已经改变了母国的“技术”，这个“技术”只用于生产两种产品。现在要生产一个苹果需要1/2个工人。从生产衬衫的工人中抽离一个工人去生产苹果将导致衬衫产量缩减 1 件（1/2 个工人×2 件衬衫每人）。

2a. 公司愿意生产在生产可能性边界上所代表的任意的混合商品组合（见图 2—2）。一家生产衬衫的公司愿意雇用一个工人，只要雇用的成本不高于这个工人所能创造的价值即可。因此，一家公司将雇用一个工人仅当这个工人的工资不多于

$$MPL_S \times P_S = 2\,\frac{\text{衬衫}}{\text{工人}} \times \frac{5\text{ 美元}}{\text{衬衫}} = \frac{10\text{ 美元}}{\text{工人}}$$

一个生产苹果的公司将雇用一个工人仅当这个工人的工资不多于

$$MPL_A \times P_A = 5\,\frac{\text{苹果}}{\text{工人}} \times \frac{2\text{ 美元}}{\text{苹果}} = \frac{10\text{ 美元}}{\text{工人}}$$

一个工人如果能创造 10 美元的产出值，则对其和公司双方都是有利的。完全竞争以及工人可以在产业之间自由流动的事实意味着工资必须等于 10 美元。因为无论其生产的产出的水平如何（在之前给定的价格上），公司都将取得零利润，所以只要生产可能性边界允许，公司可以在任何商品上满足消费者的需求。

2b. 这个国家将生产 500 个苹果。将本题所给的信息代入到上一题的等式中，可以很清楚地看出一个工人将创造 20 美元的苹果销售额和 10 美元的衬衫销售额。工人们的工资将涨到 20 美元从而使得生产衬衫的公司不可能实现收支平衡。所有的工人都将开始生产苹果，其生产苹果的最大值是 500 个。

3a. 预算约束为

$$D_S = \frac{100\text{ 美元}}{1/2\text{ 美元}} - \frac{1/5\text{ 美元}}{1/2\text{ 美元}} \times D_A = 200 - (2/5) \times D_A$$

这个等式用图 2—5 表示出来了。如果你完成了问题 1，此图与问题 1 的图类似。如果公司的索价可以反映生产的机会成本，则消费者的预算约束等于李嘉图模型中的生产可能性边界。

3b. 该图并没有任何变化。将信息代入到上题的预算约束等式中，你将得到与上一个问题完全一样的等式。对应地，如果一个消费者在衬衫上花费他们所有的收入，他将能够购买 200 件衬衫（200 美元/1 美元每件）。如果他将所有的收入用于购买苹果，他将能够购买 500 个苹果（200 美元/0.40 美元每个）。图中在这两点间绘出一条直线，这条直线的斜率为－2/5（见图 2—5）。

3c. 见图 2—6，购买苹果对于消费者的机会成本已经上升，即使此时一个苹果的价格并没有改变！现在消费者将花费 4/5 件衬衫去得到一个额外的苹果。

3d. 见图 2—7，苹果的机会成本已经减半，得到一个苹果需放弃 1/5 件衬衫而不是之前的 2/5 件。

4a. 因为消费者对两件商品都有喜好，如果让他们在 *A*、*B* 和 *C* 中选择，消费者总是会选择 *C*。

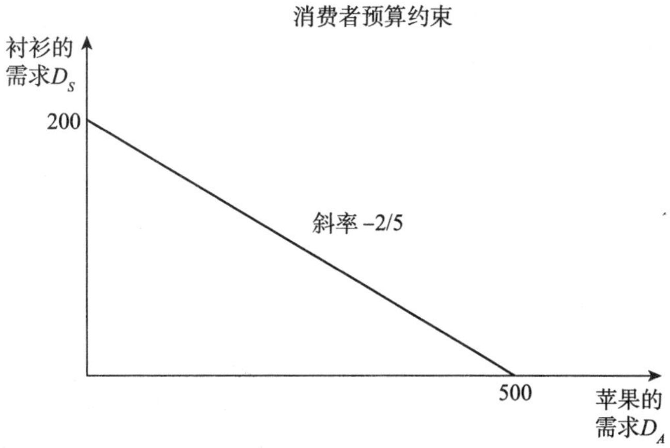

图 2—5

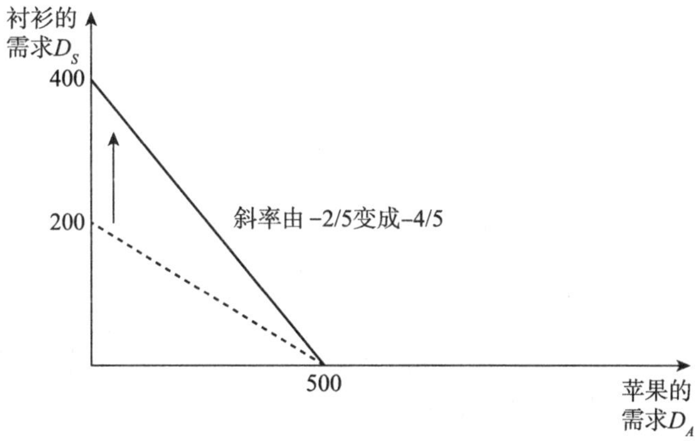

图 2—6

4b. 如果只给定 A 和 B 两种选择，我们无法得知消费者到底会选择哪个。因为在 A 和 B 上消费者可以得到同样程度的满足。

4c. 见图 2—8。

4d. 见图 2—9。

5a. 只要苹果的相对价格是 2/5，公司将愿意在生产可能性边界的任意点生产产品组合。不管公司生产什么，由于完全竞争的原因（事实上，也是唯一的原因）工人的工资都将等同于公司的销售额。给定收入和相对价格，工人的预算约束额也等于生产可能性边界。无论他们选择购买什么产品（无差异曲线与预算线相切），公司都将继续供给。图 2—10 给出了一个平衡的例子。

5b. 在图 2—11 中，苹果的需求量和供给量上升而衬衫的需求量和供给量减少，因为生产苹果的技术有了提升。但是需要注意的是，由于预算线向外移动，消费者可以自由地购买更多的两种商品。消费者的衬衫购买量减少是因为苹果的价格相对降低了。另外需要注意的是，无差异曲线不会相交。

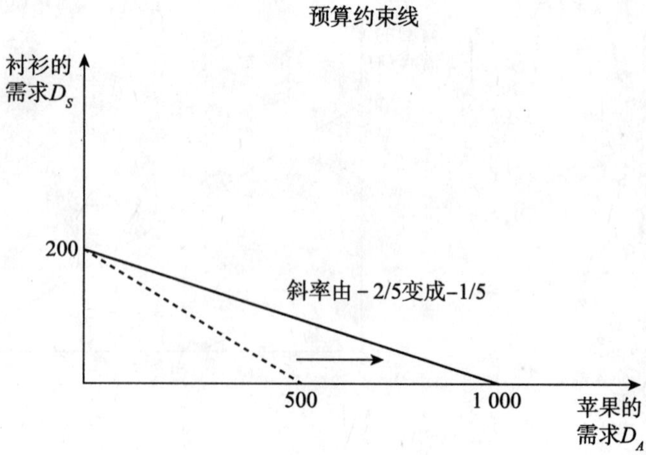

图 2—7

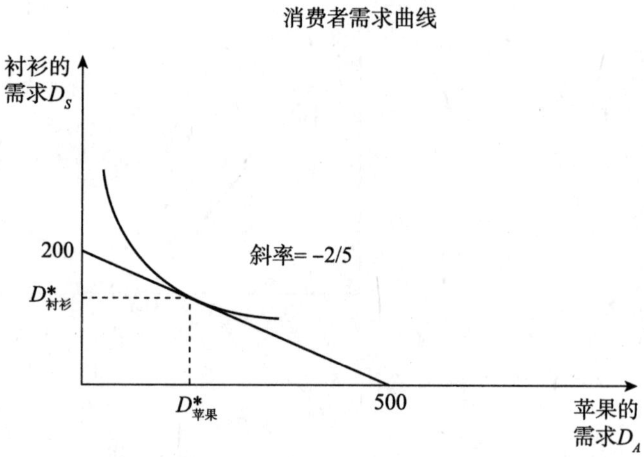

图 2—8

5c. 苹果在国际市场上的相对高价格将诱导公司进行扩张，同时带动工人工资水平的提高以及衬衫产业的萧条。因此最后，该经济体将只生产苹果而不生产衬衫。工人的收入等于 500 个苹果（价值为 P_A），因此他们的预算等式变为

$$P_A \times 500 = P_A D_A + P_S D_S$$

计算得知，这个国家的预算线（也即消费可能性边界）变为

$$D_S = \frac{P_A}{P_S} \times 500 - \frac{P_A}{P_S} D_A = 500 - D_A$$

可见图 2—12。

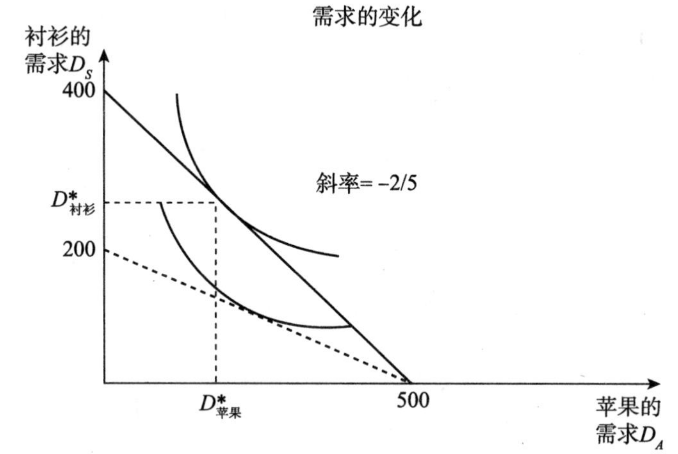

图 2—9

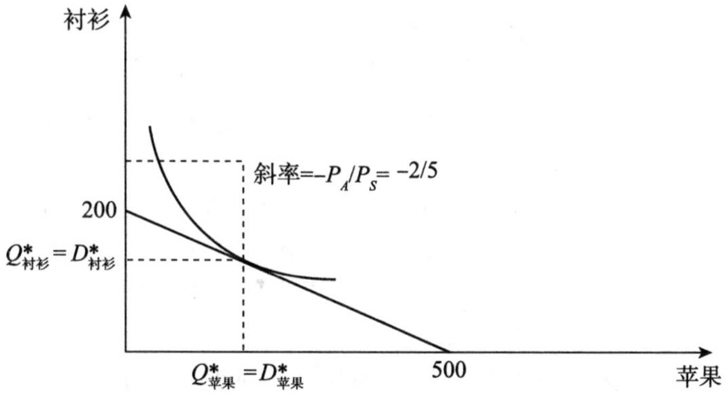

图 2—10

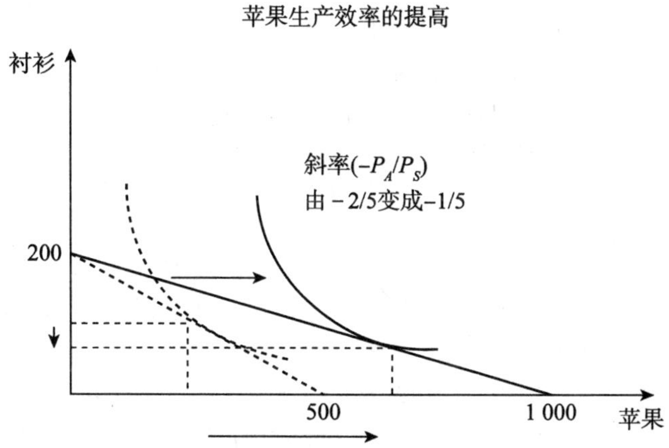

图 2—11

以固定的世界相对价格贸易

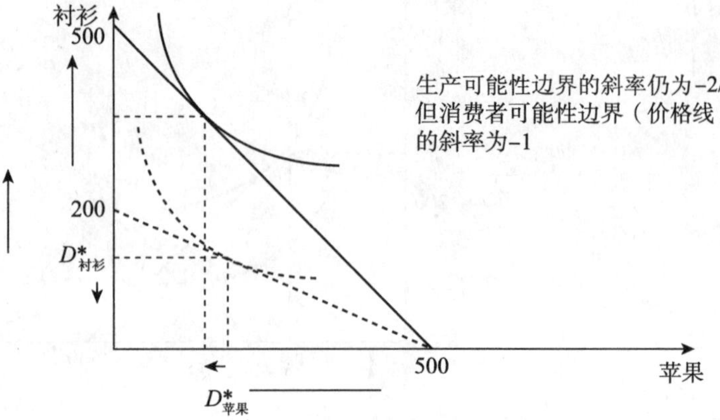

图 2—12

6a. 一个在生产苹果上具有相对优势的外国，它生产苹果的机会成本一定小于 1。由此，外国生产衬衫的工人的边际产品的数量可能是小于 6 的任意值。如果这个数值小于 4，则母国在生产衬衫上也将具有绝对优势。

6b. 如果两个国家生产每种产品的边际成本相同，那么贸易将不会带给双方任何收益。因为在母国，苹果的机会成本是一件衬衫，工人生产任何一种产品的边际产品的数量都相同，会使得双方都没有相对优势，贸易不会给任何一方带来收益。因为外国的工人工资是母国的两倍，因此外国的工人的生产效率（在此例中，是生产两种产品的生产效率）也应该是母国的两倍，因此外国的苹果和衬衫的 *MPL* 一定是 8。

7. 在一个国家具有相对优势的产品的价格相比另外一个国家将具有相对优势，相反，如果产品具有相对劣势则价格也具有相对劣势。在具有相对优势的产业内的公司倾向于向国外市场进行扩张，因为在国外市场上相应商品的相对价格偏高。贸易平衡将至少在一个国家内产生一个新的相对价格，并且可以使得至少一个国家实现专业化生产。

8a. 苹果相对衬衫的价格是 P_A/P_S，其介于母国和外国的自给自足（无贸易均衡）相对价格之间。因为如果 $P_A/P_S>1$，则两个国家都将专业化生产苹果，如果 $P_A/P_S<3/4$，两个国家都将专业化生产衬衫。因此，为了避免专业化生产，则须使 $3/4\leqslant\frac{P_A}{P_S}\leqslant1$。

8b. 外国在苹果上具有相对优势因为其生产苹果的机会成本低于母国。因此，外国将出口苹果而进口衬衫。因为问题中假设世界的相对价格是两个国家无贸易均衡价格的中间价格，因此 $P_A/P_S=7/8$（8/8 和 6/8 的中间价格），外国的生产者将专门生产苹果。给定世界价格，如果外国的消费者用他们全部的苹果交易得到衬衫，他们可以买到 700 件（7/8×800）。无差异曲线和消费可能性边界的切点给出了实际的需求量。国家将出口 $800-D^*_{苹果}$ 单位的苹果并进口 $D^*_{衬衫}$ 单位的衬衫。外国的情形可见图 2—13 中的（a）图，母国的情形见图 2—13 中的（b）图。

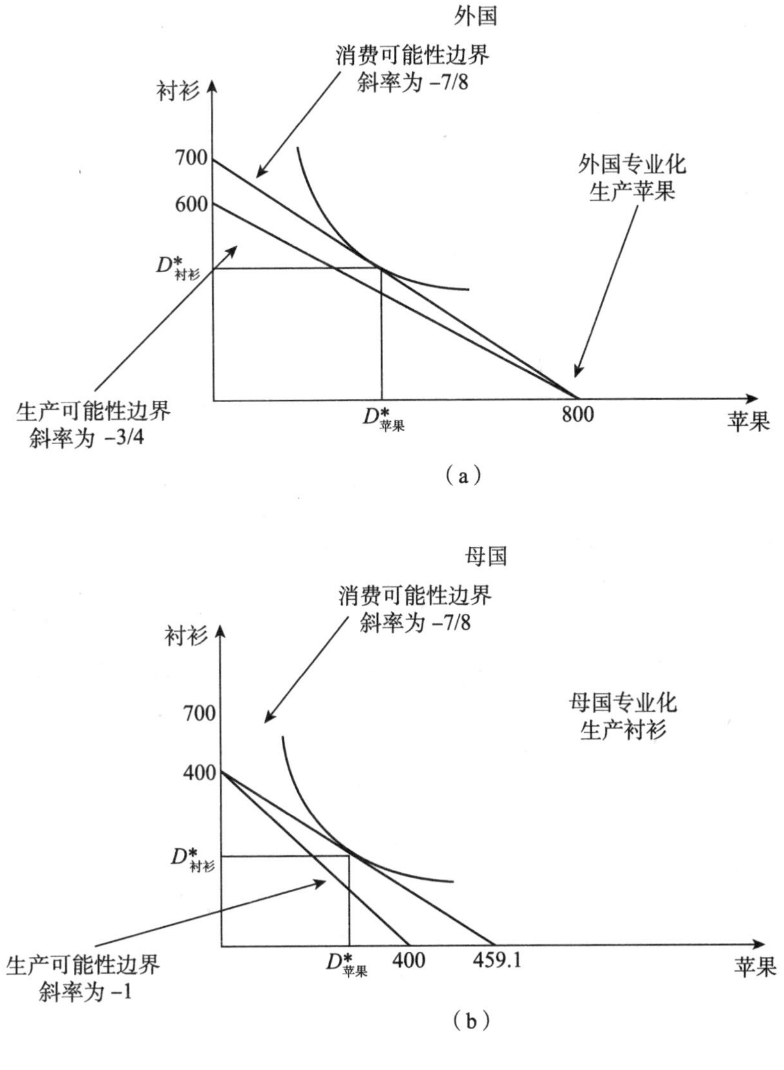

图 2—13

9a. 第一步是确定母国将出口何种产品。因为母国生产衬衫的机会成本低于外国，母国将出口衬衫。母国的生产者们愿意生产多至 400 件衬衫只要衬衫的相对价格是 1 并且在这个价格上消费者购买 225（400－175＝225）件衬衫。这样意味着如果母国全部专业化生产衬衫并且消费者购买其中的 225 件，则还有 175 件可以用来出口到外国。这就解释了图 2—14 中供给函数的前半段是平行于 X 轴的。如果要增加衬衫的出口量，母国的消费者必须削减他们对于衬衫的需求量，如果衬衫的相对价格提高，他们将很愿意这么做。供给曲线变得愈加陡峭，因为消费者愈发不愿意用衬衫来换苹果。需要注意的是，母国永远不会出口多于 400 件衬衫，因为这个数量是母国衬衫生产能力的极限量。

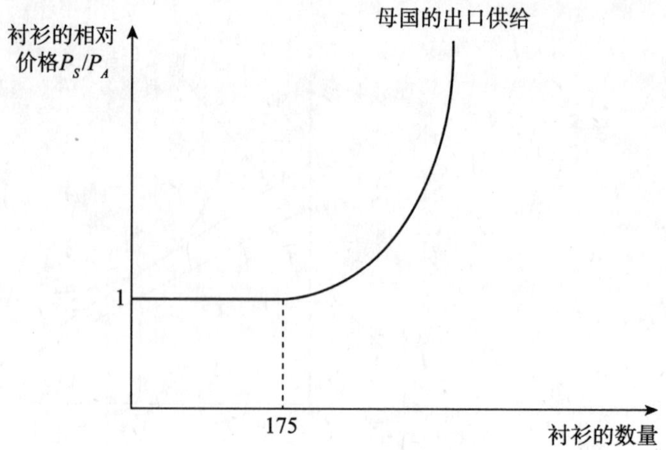

图 2—14

9b. 母国的出口供给和外国的进口需求见图 2—15。如果世界衬衫的相对价格在外国是 4/3，外国的生产者将愿意生产两种产品。在这种情形下，外国的衬衫厂商将生产针对母国消费需求的 300 件，其余部分将从外国进口，也就是进口图中外国进口曲线的平坦部分。如果世界的衬衫相对价格跌破 4/3，则在外国将不存在衬衫的生产并且外国的消费者将开始购买一些更便宜的商品，因此外国的进口量将开始上升。这就揭示了外国的向下倾斜的进口需求。

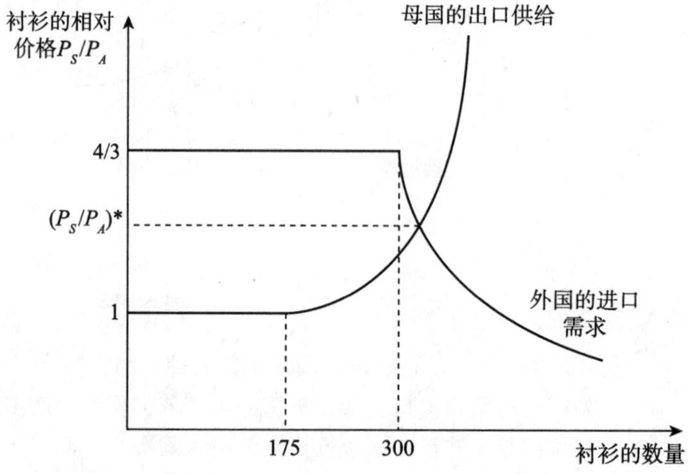

图 2—15

9c. 如果把母国的经济规模增加一倍，则母国的需求和消费能力以及供给能力都将翻倍。因此，由图 2—16 可以看出，当母国已经开始完全专业化生产衬衫而衬衫的相对价格仍然是 1，它的生产者将生产出 800 件衬衫，其中 450 件用于国内消费，350 件用于出口。出口供给曲线的右移将使母国的贸易条件恶化，贸易条件也即其出口价格与其进口价格的比率。在本例中母国并没有全部专业化生产其出口商品，而是生产一部分进口商品。母国贸易条件的恶化在实际中可能并没有如此极端。

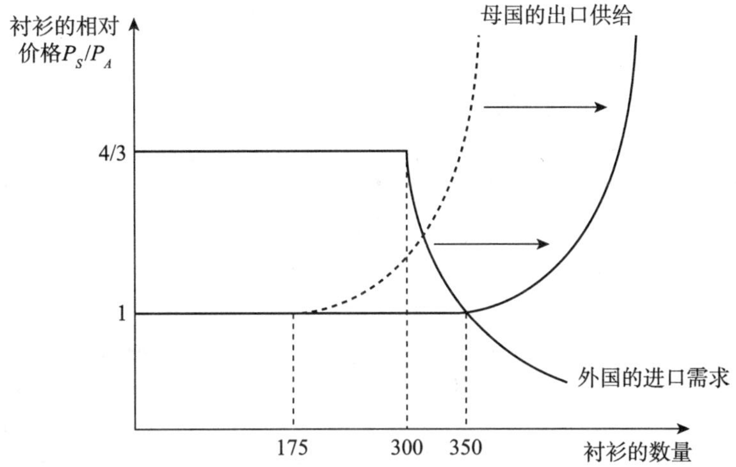

图 2—16

第 3 章 特定要素模型中的贸易得失

1a. 如果投入翻倍则产出的规模也将翻倍。这是“规模收益不变”原理的一个例子。

1b. 如果投入的使用增加一单位，那么产出将以递减的速率增加。如果劳动以 2 单位的速度增加，那么产出将以 2 单位的速度增加。需要注意的是，这里与规模收益不变是同样的原理，但是如果只有一个单位的增加，那么收益将是递减的。

1c. 假设有 100 单位资本，则 $Q_M=10\sqrt{L_M}$。劳动力减少一单位将导致产出减少 $\Delta Q_M=10$（$\sqrt{L_M}-\sqrt{L_M-1}$）。代入具体数值并用计算器解答该等式，劳动力一单位的减少导致的产出的减少在 $L_M=10$ 时要多于在 $L_M=100$ 时。这个例子强调了边际劳动产出递减的规律。

2a. M 对于 A 的边际成本即是生产可能性边界斜率的绝对值。点 2 要高于点 1。图 3—1 给出了“生产可能性边界机会成本递增”的例子。

2b. 当所有的劳动力都被投入到农业中时，农业（MPL_A）的边际劳动产出是非常低的（每个人的土地很少），制造业（MPL_M）的边际劳动产出则较高（很多未使用的机器）。因此，在劳动力从农业转移到制造业的初始阶段，农业的产出将有小幅度的削减而工业的产出则有较大幅度的提升：M 相对 A 的机会成本较低。当越来越多的劳动力转移之后，MPL_A 变大而 MPL_M 变小。由此，农业的产出将以较快的速率下降，而工业的产出将以递增的速率扩张：M 相对 A

的机会成本较高。

2c. 一个利润最大化的公司将选择能使边际劳动产出等于工资的工人。在这个例子中，边际劳动产出的值为每个工人 20 美元，所以在平衡时工资最好是 20 美元。

2d. 因为在均衡时 $P_M MPL_M = W = P_A MPL_A$，而 $P_M > P_A$，所以 $MPL_A > MPL_M$。

2e. 边际劳动产出的值为 40 美元，而工人们得到的工资只有 25 美元。这意味着多雇用一个工人所能得到的收益将大于成本。因此，你将雇用更多的工人。

2f. 如果 P_M/P_A 减小（例如，P_A 不变而 P_M 减小,），那么工人们将更倾向于从制造业跳槽到农业中工作。随着越来越多的工人转移到农业生产中，土地/劳动比率降低。因此，农业部门的边际劳动产出降低。从图 3—3 中可以直观地看出，工业部门生产的产品价格降低一单位导致工业部门边际劳动产出的值减小，从虚线处减小到实线处。这种劳动力需求量的减少使得名义工资水平降低从而导致了农业部门的扩张（沿着农业部门劳动力需求曲线移动）。因为土地的数量是固定的，土地/劳动比率将变小从而导致农业部门的边际劳动产出也随之降低。

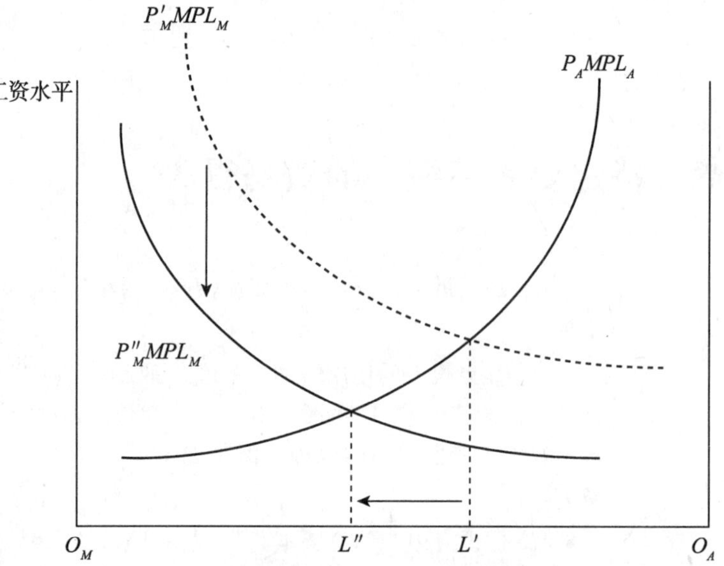

图 3—3　流动要素分配对商品价格变化的影响

3a. 见图 3—4。

3b. 这个国家的状况变得更好了。因为在自给自足型市场上生产产品的机会成本与在国际市场上生产产品的机会成本不同。通过进行生产重组并改变消费模式，这个国家可以在其机会成本低于国际市场的产品上扩张生产，由此可以在两种产品上都得到更多。

3c. 回想一下，在无贸易均衡中汽车对于香蕉的相对价格，外国要高于母国。在一个贸易均衡中，一个商品的相对价格必须介于两个国家的自给自足相对价格之间，因为如若不然两个国家将会出口给对方相同的商品。因此，外国部门

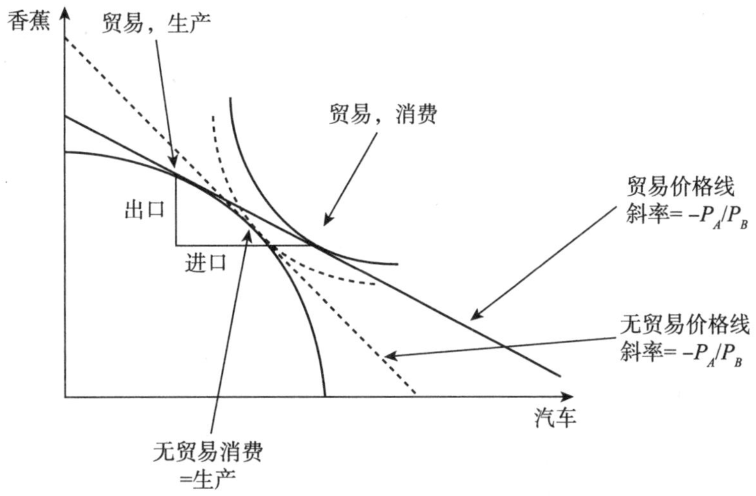

图 3—4　国民福利：自给自足与贸易

将削减汽车出口并扩张香蕉出口以从母国部门换取汽车，从而调整自己的国际贸易模式。要注意的是，相对优势定律一定成立：一个国家将出口其自给自足相对价格较低的商品并进口其相对价格较高的商品。

3d. 在一个自由贸易均衡中，两个国家都面对着完全相同的相对价格。生产者将调整它们的生产模式以使得两个产业的边际劳动产出的比率相等。因此在两国内，汽车产业的边际劳动产出比率和香蕉产业的边际劳动产出比率一定相等。这其实与生产发生点的生产可能性边界的斜率相等：在两国内生产汽车相对于香蕉的机会成本一定相等。

4a. 见图 3—5。注意到该图包含了相对于香蕉价格的所有变量。因此汽车相对价格（P_A/P_B）的下降导致汽车相对于香蕉的边际产出价格的移动。该移动将诱导劳动力从汽车产业向香蕉产业转移。线段 L_1L_2 代表了在产业间转移的劳动力的数量。用香蕉表示的工人工资（W/P_B）则降低。

4b. 因为 $P_AMPL_A=W$，则 $MPL_A=W/P_A$。MPL_A 增大是由于雇用的劳动力数量使得 A 减小。因为 MPL_A 变大，所以 W/P_A 也变大。工人们可以购买更多的汽车。

4c. 因为 $P_BMPL_B=W$，则 $MPL_B=W/P_B$。MPL_B 减小（见图 3—5），所以 W/P_B 也减小。工人们无力购买相当数量的香蕉。

4d. 如果工人们将他们的收入花在两种商品上，那么贸易给他们带来的好处是模糊和难以衡量的。

5a. 如果劳动力在产业间是完全自由流动的，则工人们将一直向愿意支付更高报酬的产业方向进行转移直到产业间的工资达到均衡为止。

5b. 工人们有可能在某一个产业中学习到了技术，但这些技术对另外一个产业来说是没有多少价值的。如果他们到了另外一个产业工作，他们的工资将被降低，因为他们掌握的技术对另外一个产业来说价值不大。在某种意义上可以说，这些技术是产业特有的。这有助于解释为什么 TAA 对贸易中发生转移的劳动力

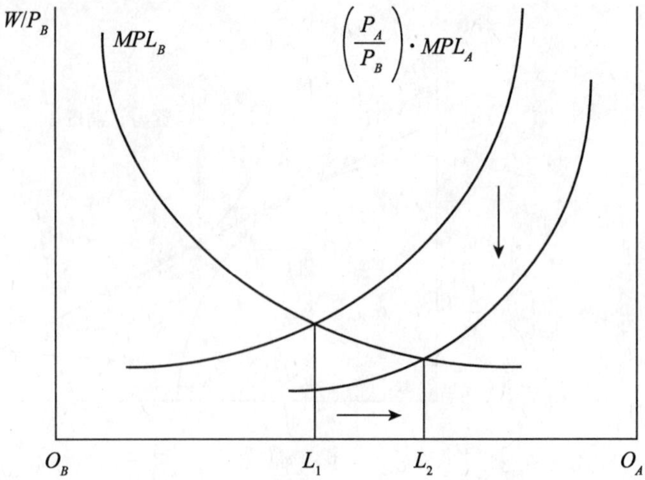

图 3—5　汽车相对价格下降的影响

进行重新训练。

6a. 因为劳动力不能流动，所以计算机产业的劳动力的边际产量将保持不变。因此，工人的工资将随着计算机价格的升高而升高。这就意味着，计算机产业的工人的实际工资若以计算机来表示的话将是始终不变的。由于郁金香的价格始终未变，则计算机产业的工人的实际工资若以郁金香来表示的话则是增加了。

6b. 因为劳动力不能流动，所以郁金香产业的劳动及边际产量将保持不变。因此，郁金香产业工人的实际工资若以郁金香来表示的话将是始终不变的。由于计算机的价格始终未变，郁金香产业的工人的实际工资若以计算机来表示的话则是降低了。

7a. 见图 3—6。(虚线表示自给自足，实线表示贸易。) 母国部门有较高的自给自足相对汽车价格因此将出口香蕉。母国部门的香蕉供给增加而汽车供给减少，而外国部门则正好相反。母国对香蕉的需求量要少于其香蕉的供给量，而它对汽车的需求量则大于其供给量，同理，外国部门则正好相反。

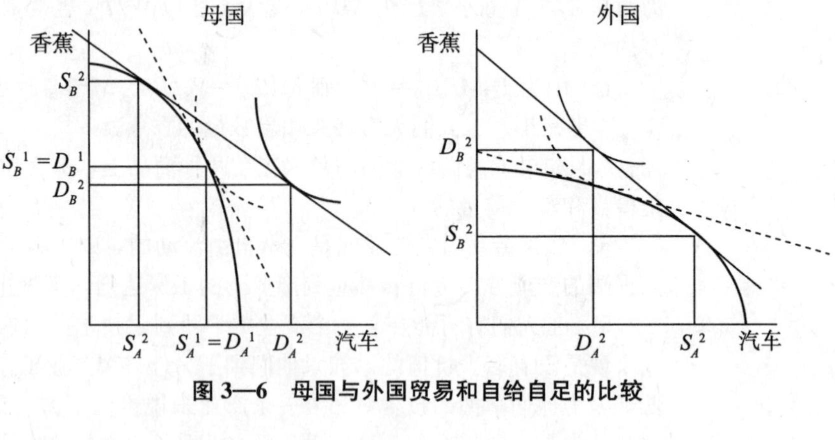

图 3—6　母国与外国贸易和自给自足的比较

7b. 母国部门的实际资本租金降低。汽车产业的劳动力被抽离，资本的边际产出（MP_K）降低。因为

$$MP_K=\frac{P_K}{P_A}$$

每单位资本（以汽车计）的收入降低了。注意到

$$\frac{P_K}{P_B}=\frac{P_A}{P_B}\cdot\frac{P_K}{P_A}$$

因为贸易中 P_A/P_B 减小，而 R_K/P_A 也变小，所以一单位的资本所代表的名义收入实际能买到的两种商品都变少了。

7c. 注意到，外国部门汽车的相对价格上升，因此问题 7b 的相关讨论在这里同样适用，只不过结论将截然相反。外国部门的资本的实际租金是上升的。

7d. 随着香蕉产量的增加，母国部门对土地的需求也不断增加。劳动力从汽车产业向香蕉产业转移，资本的边际产量随之增加。土地的边际产出和土地的需求曲线是对应的。

7e. 由于全球的资源利用效率不断提升，相比无贸易时期，两个国家的消费能力也在不断上升。因为贸易利得的原因，所以在贸易中的赢家所得比输家所失要多，因此赢家可以给输家进行补偿。这样在贸易中贸易双方都将获益。

第 4 章　贸易与资源：赫克歇尔-俄林模型

1a. 答案见图 4—5。相比计算机，鞋在其工资/租金比率较高时具有较高的劳动/资本比率，而在其工资/租金比率较低时其劳动/资本比率也相应较低。因此，两种产品都不能被称作是劳动密集或资本密集的。赫克歇尔-俄林模型明确地排除了这种可能性。

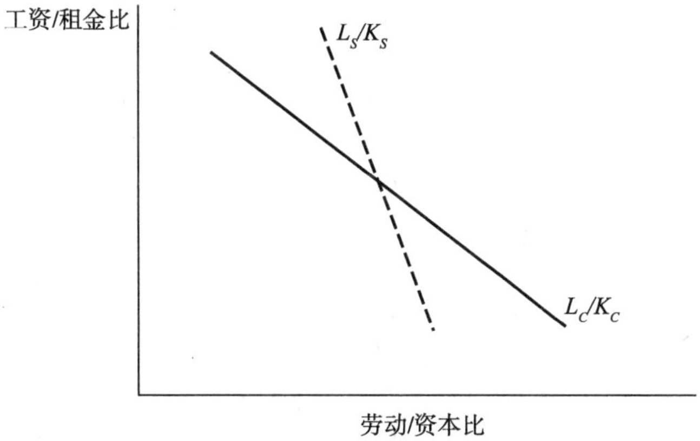

图 4—5　一个要素密集度逆转的例子

1b. 要素丰裕度是由要素禀赋的比率衡量的。母国部门的资本/劳动比率是2，外国部门是2.5。尽管外国部门的资本存量不如母国部门多，但是外国相比母国却是资本丰裕的。

2a. 因为每个国家的消费者偏好都是相同的，因此两国产品间相对价格的差异必然来自于生产可能性边界形状的不同。图4—6给出了一种在无贸易均衡下母国部门的计算机价格相对较高的情形。实线代表母国部门，虚线代表外国部门。母国部门的生产可能性边界向鞋类弯曲，而外国部门的生产可能性边界则向计算机弯曲。因为两个国家的消费者偏好相同，因此在无贸易均衡中的价格差异是由生产可能性边界形状的差异所导致的。

为什么母国部门的生产可能性边界会向鞋类弯曲，而外国部门的生产可能性边界会向计算机弯曲呢？因为经济要素中考虑进了资本要素，因此生产可能性边界倾向于向资本密集的产品弯曲（此例中为计算机），而当经济要素中考虑进劳动要素后，生产可能性边界倾向于向劳动密集的产品弯曲（此例中为鞋类）。所以，外国部门相比母国部门有更高的资本/劳动比率，因为其是相对资本丰裕的一方。

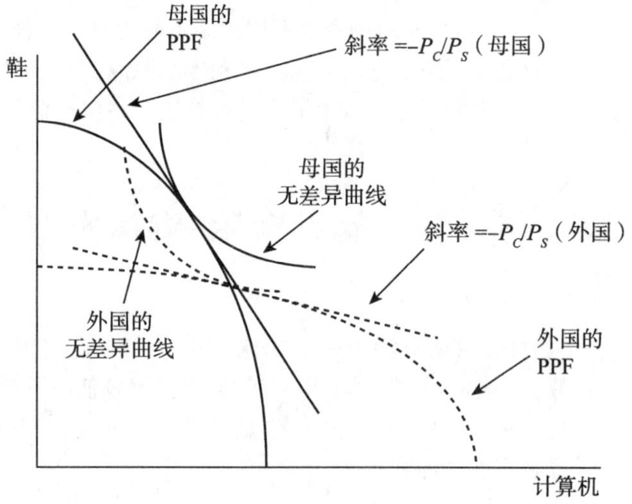

图4—6　自给自足

2b. 在无贸易均衡中，外国相比母国，其生产中的计算机/鞋比率更高。因为两国的偏好相同，并且计算机的相对价格在外国较低。这就意味着外国的消费者一定会消费相对较多的计算机而不是鞋类，相比而言，母国的消费者正好相反。因为国家必须自己供给所有产品（因为没有国际贸易），外国相比母国，必须保证生产中的计算机/鞋的比率较高。

3a. 因为母国相比外国是劳动丰裕的，而衬衫相比飞机是劳动密集的产品，由赫克歇尔-俄林定理可知母国将出口衬衫。

3b. 赫克歇尔-俄林模型的第六个假设是国家之间有相同的消费者偏好。因为国家从事完全自由的贸易，因此不同的产品在国家间拥有相同的价格。因此，外国消费者的产品消费比率和母国是完全一样的。

3c. 资本禀赋的提高将会使生产可能性边界向资本密集的产品一侧倾斜，在此例中是向飞机一侧倾斜。这意味着，无论飞机的相对价格如何，外国部门都将供应更多的飞机以及更少的衬衫，如图 4—7（a）所示。因此，外国部门的飞机出口供给曲线向右移动，导致飞机的相对价格滑落。

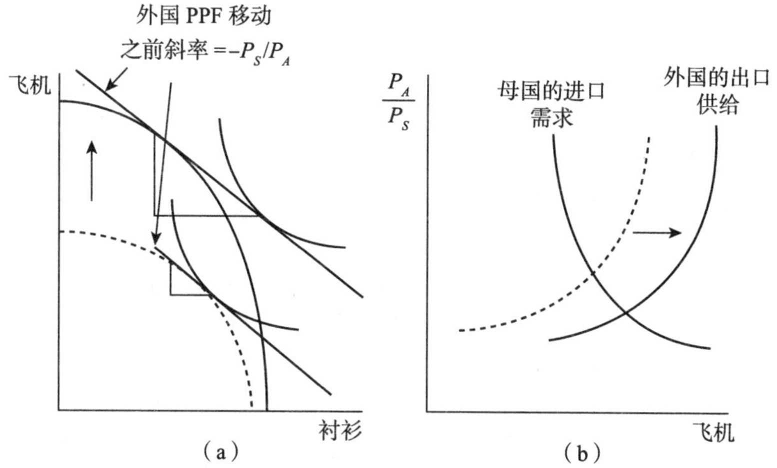

图 4—7　资本禀赋的提高

3d. 如上题所示，外国资本禀赋的提高将导致飞机相对价格的滑落从而也使得衬衫的相对价格提升。这使得母国作为衬衫出口方的贸易条件得到改善。由此，母国的无差异曲线更高（见图 4—8）。可以注意到，最后的结果是衬衫的产量增加而飞机的产量降低。

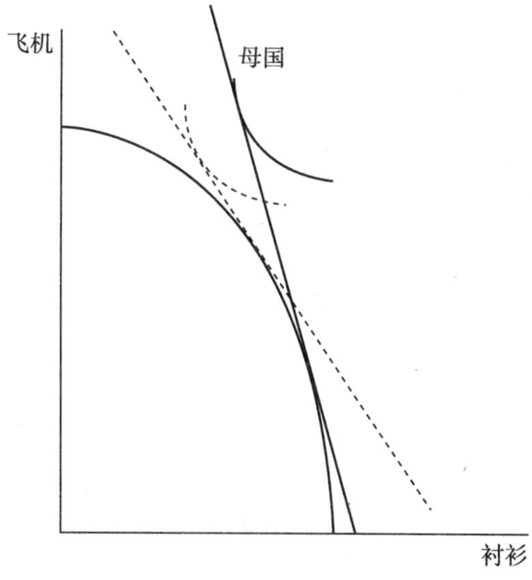

图 4—8　母国贸易条件的改善

4. 假设资本丰裕的国家（外国）的消费者对飞机具有强烈的偏好，而劳动丰裕的国家（母国）的消费者对衬衫有着强烈的偏好。因此，如图 4—9 所示，贸易模式很可能和赫克歇尔-俄林定理给出的预测结果完全相反。

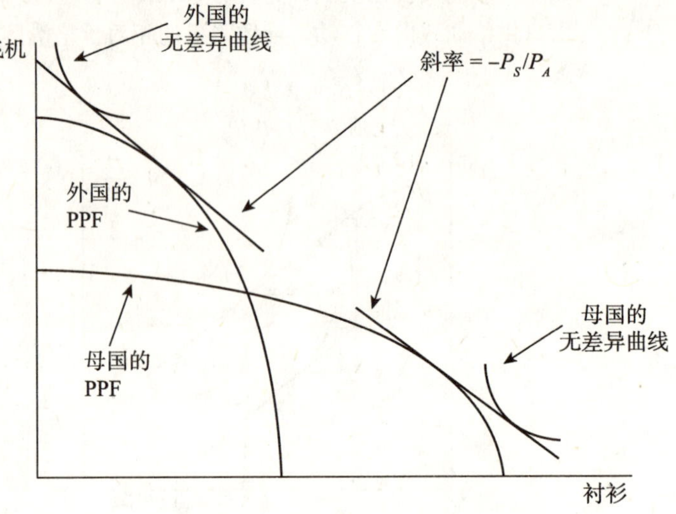

图 4—9　赫克歇尔-俄林的偏好假设的重要性

5. 有可能是三种情况：（1）要素密集度逆转；（2）国家间技术水平差异；（3）国家间偏好差异。

6a. 这个国家的最高可能相对工资水平是 10。整个经济体的相对需求不能超过鞋类产业的相对需求，因为整个经济体的相对需求是两个国家的相对需求加权平均的结果。

6b. 随着资源从计算机产业向鞋类产业转移，需求曲线整体上移。加权平均过程中的鞋类的权数要高于计算机产业的权数。

6c. 相对需求曲线的上移导致相对工资水平的上升。因为产业的相对需求曲线位置未发生变动，这就意味着每个产业的 L/K 水平都必将下降。

7a. 两个产业内的 Ubethchan 的生产者的资本/劳动比率将上升。从事自由贸易将降低汽车的相对价格并因此诱导汽车产业规模的缩减和帽子产业的扩张。随着要素从汽车产业流入帽子产业，资本的相对需求将下降，因为汽车产业相对来说成为资本密集的一方了。如图 4—10 所示，相对需求曲线向左移动。对资本相对需求的降低导致租金/工资比率的下降，从而促使两个产业的公司开始用更多投入资本代替劳动的使用。注意到经济中要素的相对供应水平，如图 4—10 中的 K^*/L^* 所示，并没有任何改变。

7b. 因为生产者的资本/劳动比率上升，每台机器将被更少的工人使用从而使得资本的边际产量下降。

7c. 一个代表资本所有者经济利益的政治团体将竭力游说反对自由贸易政策。由斯托尔珀-萨缪尔森定理可知，由自由贸易导致的资本密集型商品相对价格的下降将使实际租金降低而增加工人的实际工资。

8a. 由赫克歇尔-俄林定理，美国在技术密集型商品上具有更大的相对优势，

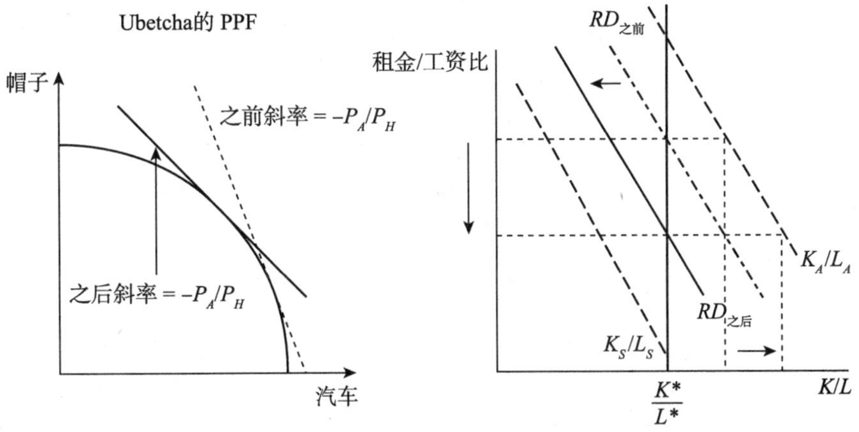

图 4—10　贸易对要素价格的影响

因此自由贸易将提高技术密集型商品的价格。由斯托尔珀-萨缪尔森定理，贸易提高了技术工人的实际工资水平同时使得非技术工人的实际工资水平下降。由此可见，赫克歇尔-俄林模型与实际的调查结果是一致的。

8b. 可以精确地预计一个技能稀缺的国家将出现与技能丰裕的国家完全相反的反应。对于这种类型的国家来说，贸易将导致商品的相对价格沿着完全相反的方向变动。

9a. 因为两个国家的类型完全相同，因此在一个无贸易均衡中它们生产的产品的相对价格以及要素水平应该是完全等同的，所以，并不存在移民的动机。

9b. 资本从外国部门向母国部门移动将导致外国部门生产可能性边界向甜甜圈倾斜（规模收缩但是斜率增加），而母国的生产可能性边界向沙发倾斜。母国部门沙发的相对价格下降而外国部门沙发的相对价格上升。在此处应用斯托尔珀-萨缪尔森定理，母国部门劳动力的实际收入将增加而外国部门将减少。因为它们在同一时点起步（在资本移动之前），母国部门相比外国部门有更高的实际工资水平。

9c. 劳动力倾向于从外国移往母国。

9d. 劳动力从外国移往母国将使得母国的生产可能性边界向甜甜圈倾斜而外国的生产可能性边界则向沙发倾斜。这对甜甜圈的相对价格具有负面的影响，于是也将对实际工资水平产生负面的影响。实际工资水平将通过对产品价格的反应在两个国家之间得到聚合。

9e. 是的，移民导致甜甜圈的相对价格降低（而沙发的相对价格则升高）。由斯托尔珀-萨缪尔森定理，这暗藏着实际租金/资本比率的提高。

10. 根据赫克歇尔-俄林模型，国际贸易会增加丰裕要素一方的实际收入，而减少稀缺要素一方的实际收入（由斯托尔珀-萨缪尔森定理可知）。在发展中国家，劳动力是丰裕要素因此在贸易中获利。如果鲍勃受过良好教育并且思维敏捷，他可能会说："嗯，对了，关于里昂惕夫悖论又如何在这里解释呢?"这时你很可能会无言以对。

11. 如果里昂惕夫发现大量美国出口中的资本/劳动比率高于其进口，那么他可能会说美国的贸易模式和赫克歇尔-俄林模型是一致的。这里没有所谓的悖论。

12a. 因为这个国家的 GDP 占世界 GDP 总量的比例大于其人口占世界人口总量的比例，因此在劳务服务方面它是一个净进口国。

12b. 如果母国部门的工人相比外国有更高的工资收入，那么他们很可能比别的地方的工人生产效率更高。在此例中，如果衡量有效劳务的话，实际上母国部门的有效劳务占世界总量的比重比其自身 GDP 占世界总量的比重更大。

12c. 是的。一个国家的相对丰裕度或者稀缺度是用其某种要素占世界总量的比重相对于其收入占世界收入总量的比重来衡量的。技术水平的差异会导致其收入占世界收入总量比重的差异，但是并不会在要素所有权差异上显现出来。一个真正具有高生产效率的国家似乎有大量的稀缺要素而一个生产效率低下的国家则表现为具有大量丰裕的要素。

第 5 章　国家间的劳动力与资本流动

1a. 土地面积的扩张使得农业在任何可能的雇佣水平上的边际劳动产出都提高了。因为在国际市场上商品的价格是固定的，土地面积的增长使得农业的边际劳动产出从 P_AMPL_A 移到了 $PA_MPL'_A$，如图 5—2 所示。在之前的雇佣水平上（即图中所示的线段 L^*O_A）$P_AMPL'_A>W$，所以农业公司将雇用更多的劳动力直到劳动力的雇佣水平达到 A 点，在图中是线段 L^*O_A。这会拉动工人工资水平的提升从而使得直线沿着 P_MMPL_M 移动，直到 $P_MMPL_M=P_AMPL'_A=W'$。

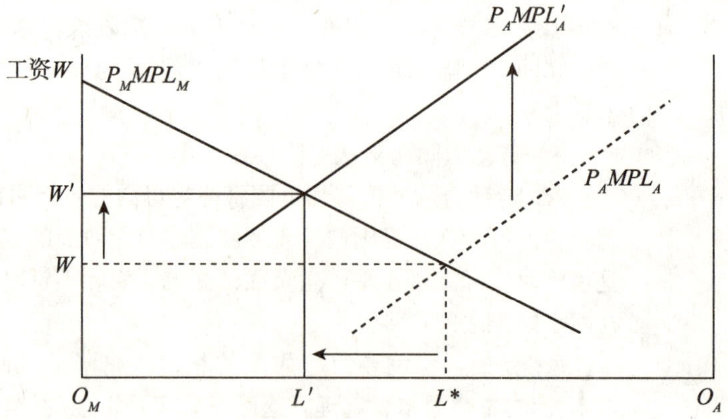

图 5—2　土地要素禀赋的提高增加了母国的工资水平

1b. 移民使得母国部门的劳动力要素禀赋得到提高，如图 5—3 所示图形的底部有所提高。注意到在给定的劳动力雇佣水平上，P_AMPL_A 直线的移动并不是任何边际劳动产出实际变动的结果。它实际上是由于点 O_A 的右移，反映了劳动力要素禀赋的提高。劳动力要素禀赋是由 O_A 到 O'_A 的距离来衡量的。劳动力要素禀赋的提高将导致工人实际工资水平的降低。如果移动成本不计的话，母国部门的劳动者将向外国部门转移直到两地的工资水平持平为止。

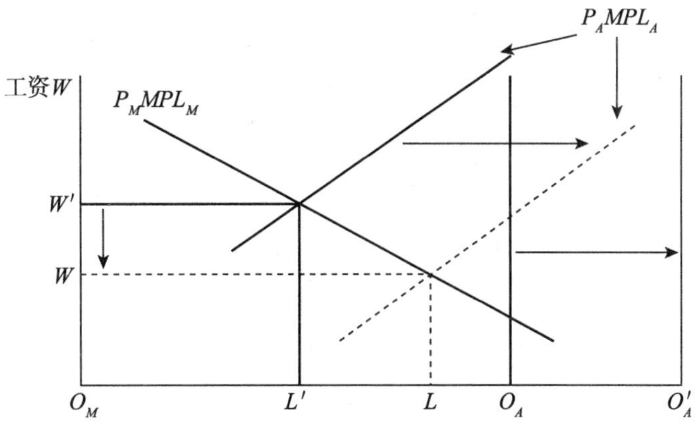

图 5—3　移民导致劳动力要素禀赋的增加

1c. 正如问题 1b 的答案所示，劳动力要素禀赋的提高使得工人工资水平下降。于是农业和制造业的公司都不断地增加雇佣工人数。因此，资本和土地的边际产量都得到了提升（资本/劳动比率以及土地/劳动比率提高）。因为商品的价格固定，这就意味着一单位的资本（R_K）和（R_T）所能得到的实际收入都得到了提高。资本家和土地所有者都在劳动力转移中获利了。

1d. 当有更多可利用的流动要素时，生产可能性边界向外移动，如图 5—4 所示。在工人流入之后，两个产业内的雇佣工人数量都有所增加，每种产品的产出量必都将有所增加。

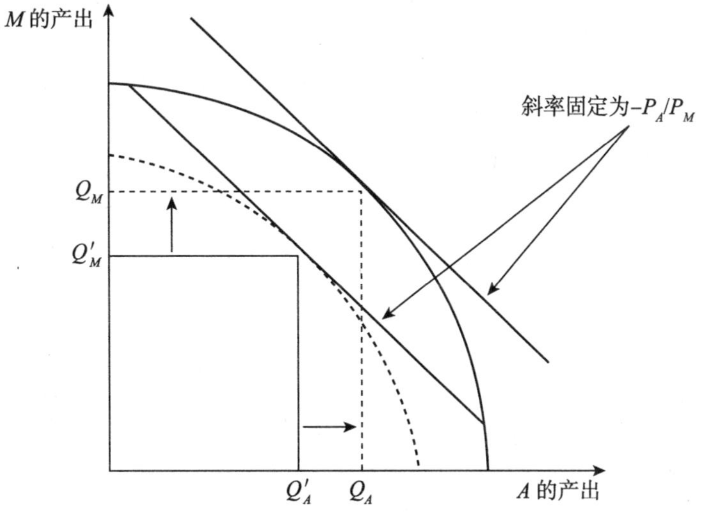

图 5—4　流动要素禀赋扩张的效应

2a. 相比衬衫，飞机是相对资本密集型商品，因为其资本/劳动比率是 5/3，大于衬衫的资本/劳动比率 1。

2b. 要回答这个问题，我们使用图 5—5 中的盒形图来说明。盒子的高度代表国家资本要素禀赋的规模，长度代表劳动要素禀赋的初始规模。在盒形图中，从 O_S 开始经过点 a 的直线的斜率是 1，正好是衬衫的资本/劳动比率的值，从点 a 到 O_A 的直线的斜率是 5/3，是飞机产业的资本/劳动比率的值。刚开始时，飞机制造业的资本投入量相当于从 K 到 O_A 的线段的长度，而劳动力的投入量由线段 L 到 O_A 的长度所给定。当劳动力离开之后，盒子将变得更窄，于是我们重新定义原点为 O'_A 来说明这个情况。从点 b 到 O_A 的直线的斜率仍为 5/3。新的交点 b 清楚地显示了，尽管这个国家的可用劳动力变少了，但是在飞机制造业中的劳动力和资本量都在增加。

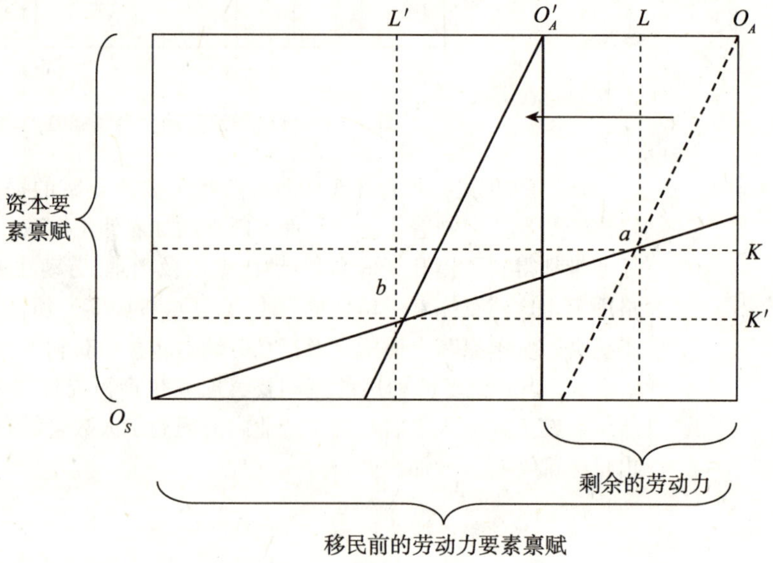

图 5—5 盒形图和萎缩的劳动力

2c. 令 Q_A 代表飞机的产出，Q_S 代表衬衫的产出，K 是国家的资本要素禀赋，L 是劳动力要素禀赋。根据题目中给出的生产信息我们有：

$$\overline{K}=5\times Q_A+2\times Q_S$$

和

$$\overline{L}=3\times Q_A+2\times Q_S$$

通过简单的计算我们可以发现：

$$Q_A=\frac{\overline{K}-\overline{L}}{2} \quad 和 \quad Q_S=\frac{5\overline{L}-3\overline{K}}{4}$$

2d. 答案见图 5—6。生产可能性边界的移动与雷布钦斯基定理的逆定理相一致：在价格相对固定时，劳动力要素禀赋的降低导致劳动力密集型产品产量的下降以及资本密集型产品产量的扩张。

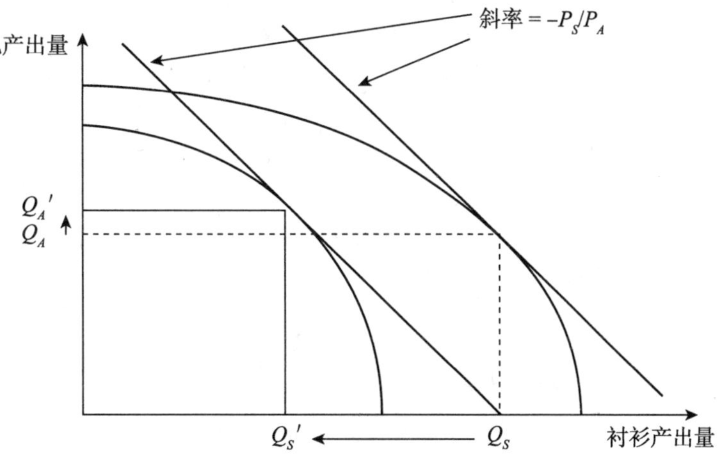

图 5—6　在长期内劳动力禀赋减少的效应

3a. 计算机工人进入这个国家可以提高其计算机产业的边际资本产出而无论其产业的资本投入量是什么水平，可见图 5—7。这将促使资本向计算机生产部门移动，在图中是从 K 移动到 K'。因为租金必将提高，所以两个产业的边际资本产出都必须提高。这就意味着计算机产业的工人和衬衫产业的工人的边际产出都必须降低（在每个产业内都是特定要素和移动要素的比例下降）。因此，两个产业内工人的利益都受到了损害。

但是，两个产业工人的实际收入水平的降低幅度是不同的。

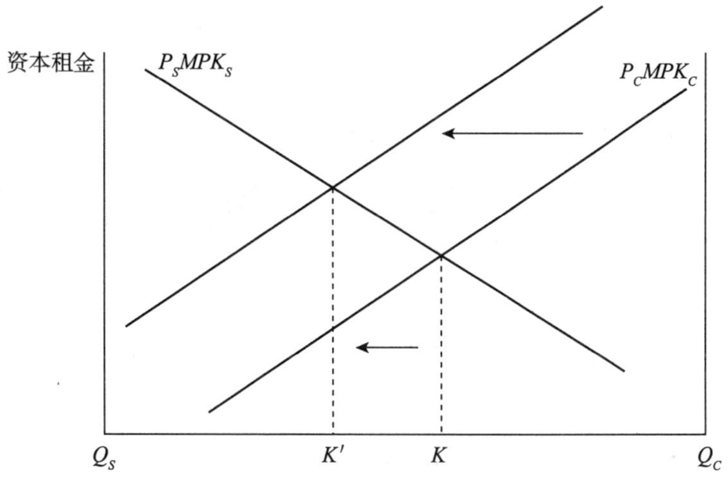

图 5—7　熟练工人要素禀赋提高的效应

3b. 从长期来看，要素价格迟钝的结果将保持：无论是对于计算机产业的工人还是衬衫产业的工人，他们的实际工资水平都没有受到影响。这是因为从长期来看，工人可以再训练然后转移到另外一个产业工作。

3c. 在短期内实际租金必然上升，图 5—7 展示了租金必然上升的情况。因为商品价格是固定的，名义租金的增加也是实际租金的增加。从长期来看，要素价格迟钝的结果将保持，所以对实际的租金并没有长期影响。劳动及密集型产品的产出将会扩张而每个产业的资本/劳动比率都将回复到正常水平。

4a. 正确。据估计大概有 1 200 万名非法移民进入美国，而合法的移民数更高。作为美国人口的一部分，移民大多数代表了人口中缺乏教育和受过良好教育的那部分。

4b. 错误。很多进入美国的移民都是没有什么技能的，而在美国那些顶尖的技术工人的很大一部分也是移民。移民占总人口的比重和他们的受教育程度之间呈现出一个 U 形关系。

4c. 正确。相比其他美国城市，低技能的成衣产业的产出扩张，而高技能产业的产出紧缩。

5a. 这个问题涉及特定要素模型。因为母国相比外国有更多的劳动力而其他的要素水平都相同，所以母国的边际劳动产出一定比外国这两个产业的边际劳动产出都要低一些。因此，母国的工人工资水平更低。如果母国的边际劳动产出比外国的这两个产业都要低的话，那么母国资本的边际产出一定比外国的高。从而，母国部门的租金率一定也要比外国的高。这就给资本创造了离开外国的动机，因为外国的租金/资本比例较低，资本进入母国，因为那里的租金/资本比更高。

5b. 资本的增长使得母国的生产可能性边界向 M 扩张，如图 5—8 所示。因为劳动力从农业抽离到制造业中，所以农业的产出必然下降。

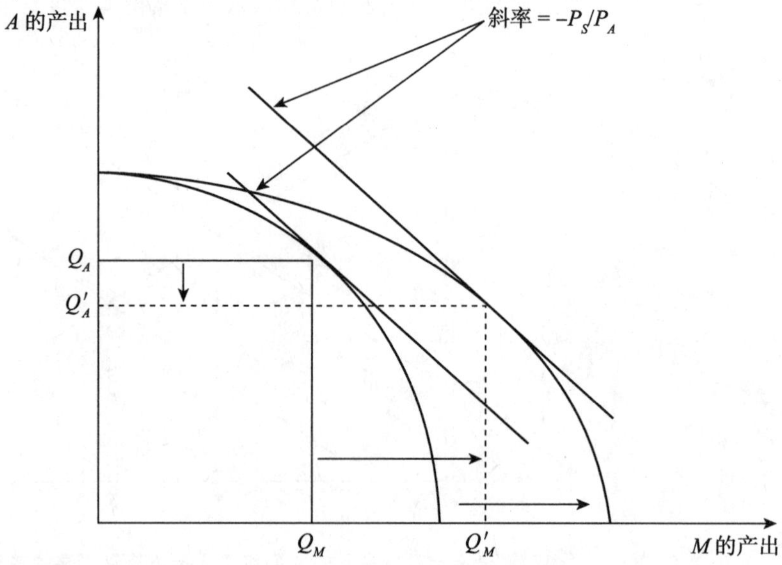

图 5—8　母国资本存量上升的短期效应

5c. 外国直接投资进母国的效应就是提升了实际工资水平，如图 5—9 所示，资本要素禀赋的提高得益于资本的流入提升了制造业在每个雇佣水平上的边际劳动产出。新增的资本提升了制造业对劳动力的需求从而促使工资水平提高。因为商品的价格是固定的，所以名义工资的提高就是实际工资水平的提高，因为劳动力被抽离出农业部门，土地/劳动比率上升而土地的边际产量降低。因此，土地所有者每单位土地的所得也将减少。注意到这里的资本/劳动比率必然下降。理解这一点，需要注意到制造业的边际劳动产出得到了提高。因为制造业的边际劳动产出提高，其资本/劳动比率一定也增加了。因此资本的边际产出下降并使得单位资本所得实际上也减少了。

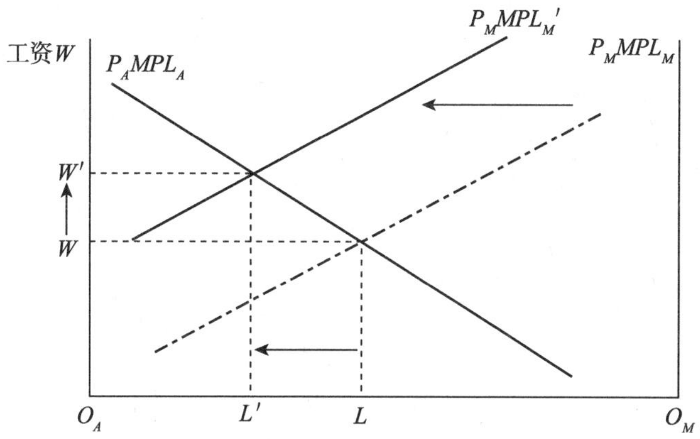

图 5—9　绿地型投资资本流入

5d. 外国资本外流的效应是通过降低制造业的边际劳动产出来减少对劳动力的需求。由此，母国的名义和实际工资水平都降低了。

6a. 衬衫的产出提高了！为什么？因为产业间的资本流动完全是自由的，我们可以立即应用雷布钦斯基定理。这个国家资本存量的缩减使得对资本要素敏感的产品的产出（这里指飞机的产出）缩减，而另外一个产品的产出（这里指衬衫）扩张。

6b. 从长期来看，资本存量的减少对工人的实际工资并没有影响，因为资本和劳动在产业间的再分配使得初始的资本/劳动比率并未有任何改变。由于边际产出在长期内并未改变，所以要素的实际回报也保持不变。这就是要素价格迟钝的结果。

7a. 产出值就是边际劳动产出曲线下方的面积。给定那条直线，可以计算出该值为 25×50+(1/2)×(30×25)×(150－100)＝1 375。

7b. 产出增长值为 1 375，但是由于其中 25×50＝1 250 支付给了国外流入到国内的工人，因此，这个国家的总利得是 125。

7c. 母国的特定要素是通过节省劳动力成本而获得的。他们得到的是上题所计算的 125 加上工人所直接获得的 5×100＝500 的收入。因此，特定要素的总利得是 625。

8. 移民对于工人自身来说，其成本是很大的。他们可能需要工作数年去抵消这笔成本。年长的工人相比年轻的工人，其可工作的年限要短，因而很可能在其工作年限内都很难抵消这笔成本。

第6章　规模收益递增与不完全竞争

1a. 见下面的表格。

销售数量	价格	收益	边际利润
1	7	7	7
2	6	12	5
3	5	15	3
4	4	16	1
5	3	15	－1
6	2	12	－3
7	1	7	－5

1b. 该公司应该生产3个单位。卖出第三个单位产品时对应的边际收益是3美元，大于其边际成本2.5美元，因此卖出第三个单位的产品时，其收益的增长值要大于其成本的增长值。对于第四个单位来说，边际收益是1美元，所以销售收益的增长值要低于其成本的增长值。

1c. 公司的利润是（价格－边际成本）×销售量。如果公司制造3个单位的产品，利润是（5美元－2.5美元）×3＝7.5美元。注意到如果再多卖一个单位的产品，该公司的利润将降至6美元。

2. 最优的销售价格和数量以及相应的利润由图6—1给出。

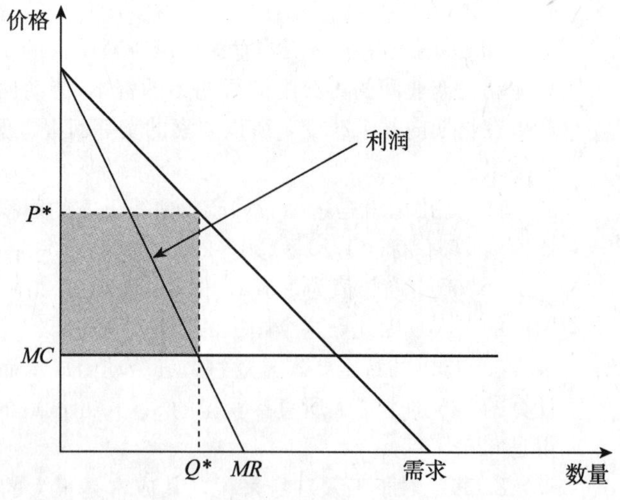

图6—1　垄断利润

3. 需求曲线 D/Z 显示了产业需求如何在两个对其自有的差异化产品要价相同的公司间分解。需求曲线 d 表示如果一个公司脱离了产业的典型行为模式而索要不同的价格，它的产品的需求会是多少。如果其索要低价，它将从竞争对手处偷来部分消费者，但是如果两个公司都降价，那么它们都将不能从对方手中偷得消费者。

4. 公司的平均总成本是（2 美元×Q+100 美元）/Q。当 Q=10 时，AC=12 美元。因此一个公司卖出 10 单位的产品必须索价 12 美元才能避免亏损。

5a. 在市场上投放更多商品之后的影响见图 6—2。实线 D/N 是商品量提高之前每家公司定价相同时对每家公司的需求，虚线 D/N'是产品多投放之后对每家公司的需求。实线 d 是商品量提高之前的需求，虚线 d'是提高之后的需求。

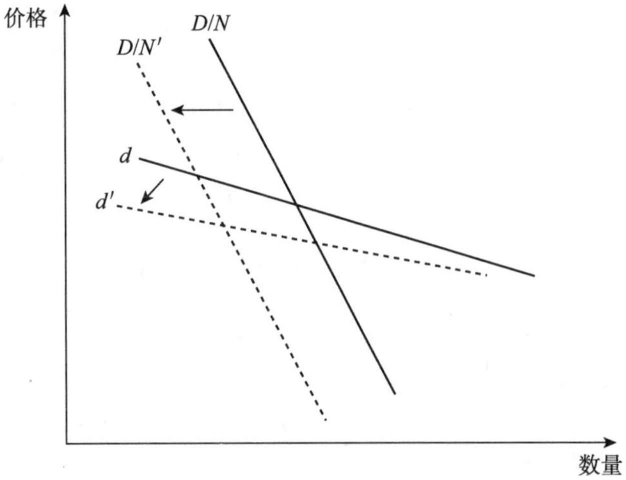

图 6—2　产品差异化之后需求曲线的变动效应

5b. 实线 D/N 的移动非常简单：相同量的需求被许多公司瓜分。而实线 d 的移动就有点复杂了。曲线的下移是因为市场内的商品量越多则对任何特定商品的需求越少。需求曲线变得愈发平坦的原因是，随着商品可选择性的增加，消费者对商品间的价格变得愈发敏感。

6a. 见图 6—3 左栏。

6b. 见图 6—3 右栏。

6c. D/N 线已经右移。需求曲线 d 的截距 P 变小，曲线变平。与其对应的边际收益曲线的移动轨迹相似。最终，典型企业的定价降低而销售量增加。在两种情形下，利润都是 0。

6d. 当两个完全相同的国家间开通国际贸易后，总市场规模翻倍了，但是市场上经营的公司数比自给自足时每个国家的公司数要多，但是比自给自足时每个国家公司数的两倍要少。因此，D/N 线右移。因为在整合后的国际市场上经营的公司数比自给自足时每个国家内经营的公司数要多，需求曲线 d 在变平的同时下移。留在市场内的公司要为低价进行补偿，所以将要卖出更多的商品才能保证价格与平均成本相等。

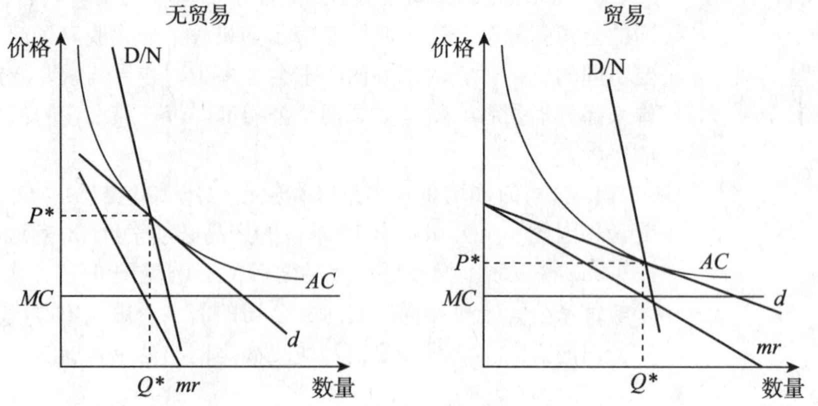

图 6—3　均衡

6e. 从贸易中所能获得的还包括逐渐增加的产品多样性，这些产品的价格同时也变得更加便宜。贸易扩大了消费者可选择的产品范围。可从图中需求曲线 d 的变化中解读这一点。（由于竞争产品增多，曲线变得更加平坦或者更有弹性。）然而，单个公司的需求增加了，可从需求曲线 D/N 的右移中看出这一点。更高的单个公司需求允许公司下调它们的平均成本曲线进而降低产品价格。

6f. 调整成本是与一些公司的倒闭以及倒闭之后的员工安置相关联的。D/N 线右移的事实表明每个国家内的一些公司必将倒闭，一些员工也必然下岗。

7a. 一个市场越大，其所能支持的多样性也越大。而一个市场的多样性越大，其需求曲线 d 越平坦，其对每个产品的定价也就越低。因此，在一个无贸易均衡中，国家越大，其实际工资水平也将越高。

7b. 小国家将从贸易中得到更多的利益，因为它们有机会利用在有贸易大市场所产生的更加丰富的多样性需求。

8. 不是。垄断竞争模型并不适用于这个产业是因为该产业内的公司数太少，因此公司会倾向于制定战略性规划。垄断竞争模型假设有相当数量的公司，从而可以忽视公司间的战略行为。

9. 是的。葡萄酒可以仅仅因为产地不同就得到了一定程度的差异化。在理论上这已经足够促成产业内贸易模式的产生：人们会同时消费来自加利福尼亚和法国的葡萄酒，仅仅是因为它们产地不同。

10. 如果工人在产业间移动的话，那么国家间的贸易将很可能由相对优势主导而不是由产品差异化、递增收益或者不完全竞争主导。贸易促使公司依据相对优势模型在产业间再分配资源，或者依照垄断竞争模型在产业内进行资源再分配。

11. 因为赫克歇尔-俄林模型并不能导出引力方程，引力方程更适合用于拟合有着相似要素禀赋国家间的贸易数据。

12. 由于产品差异化促进了产业内贸易的产生，产业内贸易指数在其商品高度差异化的时候接近于 100，在其商品同质化的时候接近于 0。

13. 如教材中所示，可以通过建立引力方程来区分一个国家内不同区域间的贸易或者不同国家不同地区间的贸易。边界间和边界内的差异可以用来度量"边界效应"的规模。

14. 如教材中所示，从墨西哥出口的商品数量可被用作美国商品品种扩张可能数量的最小合理估计值。同理，可以得出加拿大由于 NAFTA 的品种扩张的大概估计值。

15a. 在母国，$MR=10-2Q$。在外国，$MR=6-2Q$。

15b. 使每个市场的边际收益等于它的边际成本，我们会发现母国的产品销量是 4 单位而外国是 2 单位。转换成价格就是：母国价格为 6，外国价格为 4。

15c. 见图 6—4。此图的关键特征是出口国的国内市场的需求曲线被画得比进口国的更陡。公司在出口国的国内市场的定价更高就是倾销的证据。

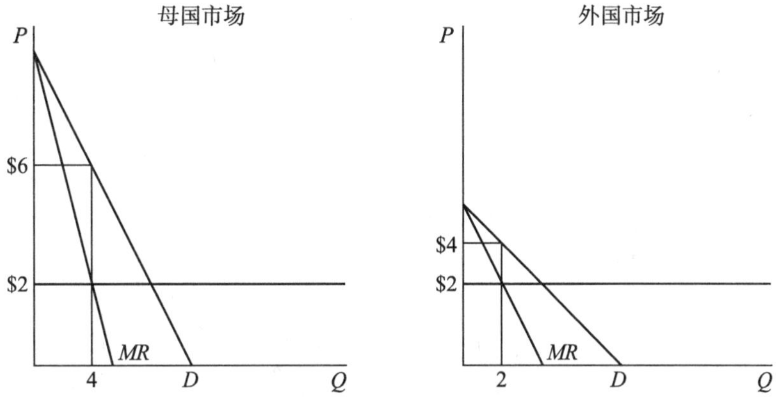

图 6—4　国际价格的歧视

16. 是的。如果这个公司的平均成本高于 10 美元（在经济衰退的时候可能发生），或者其在国外市场的产品定价没有因为物流货运成本的存在而高于其国内市场的价格时，它就会被谴责为实施倾销。

17a. 见图 6—5。（注意到已经假设外国部门的实际需求水平比该公司的销售量要相对较高。）

17b. 如果药品公司发现母国的消费者正从海外进口其产品，当消费者购买产品需要支付管制价格的时候，如果它在母国因为可以垄断定价而获得的利润相比于可以供应两个市场所能得到的利润相对较高，它可能会在外国部门停止销售它的产品。

18. 国际贸易把垄断变成了寡头。因为国际贸易允许更多的公司在一个国家的市场内进行竞争，产品定价将被拉低。这对消费者是利好并且是贸易利得的一种形式。

19a. $MR=95-2Q$ 。

19b. 使边际收益等于边际成本，我们有 $10=95-2Q$，则 $Q=42.5$。代入需求方程，我们有 $P=95-42.5=52.5$。

19c. 经济利润是（52.5 美元－10 美元）×42.5＝1 806.25 美元。

19d. 在每个市场上公司的边际收益为 $MR=P-q$，其中 q 是该公司售出的产品数量。

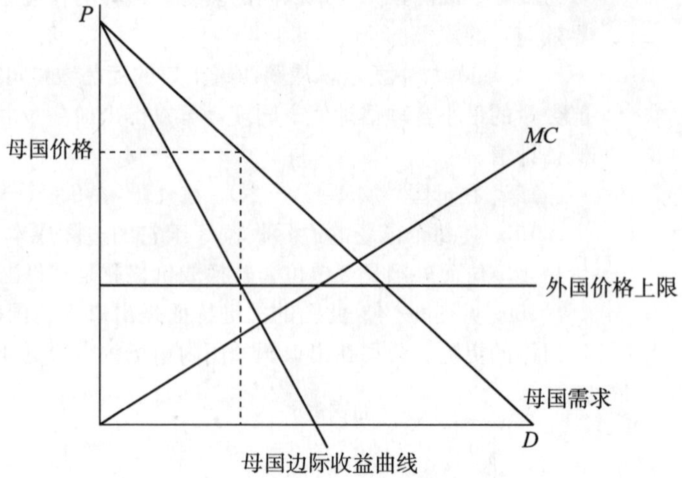

图 6—5 Beddybuy 市场

19e. 在一个公司的国内市场上，使边际成本等于边际收益，我们有 10 美元＝$P-q_H$。使在国外市场的边际成本等于边际收益，我们有 15 美元＝$P-q_F$。根据需求曲线，我们有 $P=95-q_H-q_F$（因为每个国家的卖家要么是国内公司要么是国外公司）。将上述等式化解得到 $P=95-(P-10)-(P-15)$。解这个等式我们可以得到 $P=40$ 美元。因此，这个公司将在其国内市场售出 40－10＝30 单位的产品，在国外市场售出 40－15＝25 单位的产品。

19f. 即使公司在每个市场上都有相同的定价，但是出口贸易的成本更高，因此应该从国外市场价格中抽离 5 美元，这样国内外的价格才具有可比性。

19g. 公司在国内市场的利润额是（40 美元－10 美元）×30＝900 美元 。在国外市场的利润额是（40 美元－15 美元）×25＝625 美元。于是总利润额为 900 美元＋625 美元＝1 525 美元，低于在无贸易情形下该公司可能得到的总利润额。

第 7 章　商品与服务外包

1a. 首先，我们计算每个活动在每个国家的成本额。计算过程和结果见下表：

	a	*b*	*c*
母国	＄4×1＋＄2×4＝＄12	＄4×2＋＄2×3＝＄14	＄4×3＋＄2×2＝＄16
外国	＄5×1＋＄1×4＝＄9	＄5×2＋＄1×3＝＄13	＄5×3＋＄1×2＝＄17

在不计运输成本的情况下，外国是活动 a 和活动 b 的便宜生产者，而母国是活动 c 的便宜生产者。如果记运输成本为 2 美元，成本差异必须相应地足够大才

能促使母国公司将生产活动外包到外国。因此，只有 a 将在外国生产，而 b 和 c 保留在国内生产。

1b. 从问题 1a 的答案所给的表格中，我们可以看到如果不计运输成本，则 a 和 b 将被外包到外国而只有 c 会被保留在母国进行生产。

1c. 在运输成本降低之前，母国用于生产一件商品的技术工人的数量是 2＋3＝5，非技术工人的数量是 3＋2＝5，因此比率是 1。在运输成本削减之后，比率将变为 3∶2，因为只有 c 是在母国生产的，因此，比率从 1 涨到了 1.5。在外国，这个比率刚开始是 1∶4，之后上升到(1＋2)∶(4＋3)＝3∶7。因此，两个国家的相对需求都增加了。

1d. 不是，只是对于贸易模式的解读有所差异而已。

2. 禁止国外投资将使得这个国家内的资本存量较低，同时租金较高。租金对资本的比率越高会提高每项生产活动的成本，因此也将限制外包的规模。

3. 如果只允许在最终商品上进行贸易，那么比较商品的要素密集度才是有意义的。然而，一旦生产活动可以被分解，那么只有生产活动的要素密集度会影响生产活动所处的位置，而不是商品的要素密集度。

4a. 由蓝领工人完成的实际生产线类型工作正逐渐被外包到低工资水平的国家，使得美国的大多数工作都是白领工作。

4b. 在同一个时间段内，白领工人的工资相对增加了。在赫克歇尔-俄林模型中，这就意味着公司将用蓝领工人代替白领工人，但是实际上发生的正好与此相反。

4c. 很可能是技能偏好型技术变化导致了蓝领工作的自动化。

5a. 见图 7—2。该图展示了一个在研究与开发方面具有相对优势的国家的贸易改善的状况。因为研究与开发活动将需要购买更多的零部件，所以公司的产出从 Y_0 增加到 Y_1。

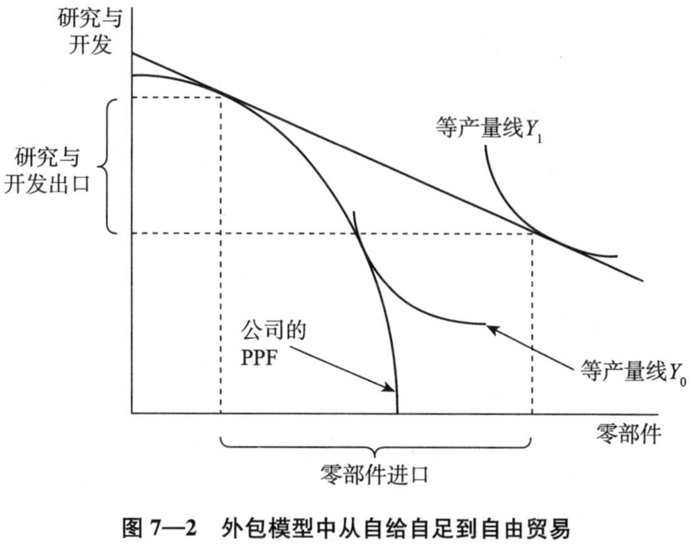

图 7—2　外包模型中从自给自足到自由贸易

5b. 母国的公司出口研究与开发到外国的公司，换取母国公司生产最终商品所用的零部件（配合它们保留的研究与开发）。

5c. 母国公司可以用相同数量的投入生产更多的最终产出。因此，它们的生产力明显提升了。

5d. 在赫克歇尔-俄林模型中，技术密集型生产活动（不是商品）的产出的增长会提高对技术工人的相对需求。

5e. 见图 7—3。贸易条件的改善允许公司用同等水平的研究与开发购买更多的零部件。这种改变促使公司将零部件的资源产出类生产转换为研究与开发生产，扩大贸易规模，并且最终将其自身的产出从 Y_1 提高到 Y_2。

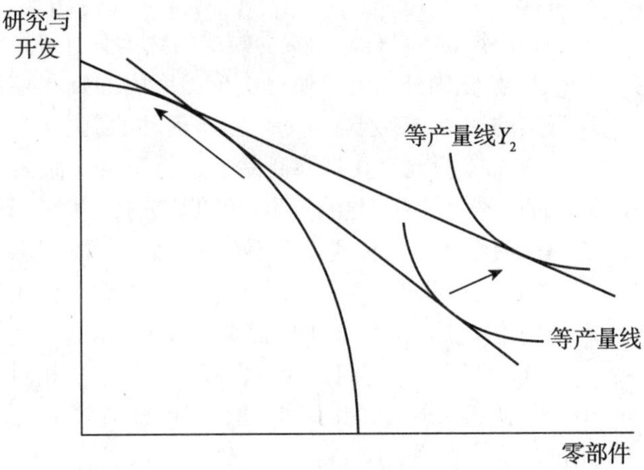

图 7—3　零部件进口商贸易条件的改善

5f. 贸易条件的改善使得公司可以用以前同等数量的投入生产更多的最终产出。由此，公司将变得更加有生产效率。

6a. 提高外国生产零部件的能力如果会改善母国的贸易条件的话，对母国来说是十分有益的：零部件价格的相对下降会使母国的境况更好。

6b. 如果提升外国从事 R&D 活动的能力将使母国的贸易条件恶化，则这对母国是有害的。

7. 易知，14%～19%的生产力增长可以归功于外包，而可以归功于高科技资本的则少于 7%。

8a. 见图 7—4。该图展示了如果运输成本对最低技术密集度的生产活动来说是高的而对于最高技术密集度的生产活动来说是低的，则价值链的切面会十分不同。

8b. 是的，一旦产业间的运输成本不再统一，任何数量的排列都可能上升。图 7—5 给出了一个例子。对于技术密集度非常低和非常高的生产活动，其活动成本相对较低，而对于技术密集度适中的生产活动运输成本则较高。于是在此例中，技术密集度较低和较高的生产活动被外包出去而技术密集度适中的被保留在了国内。

9. 印度的商业服务产出增长如果造成了美国贸易条件的恶化，则对美国来说是很不利的。

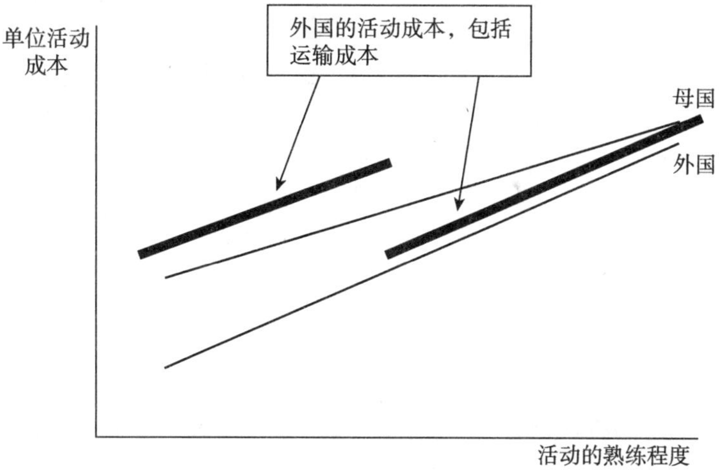

图 7—4　技术密集型活动外包

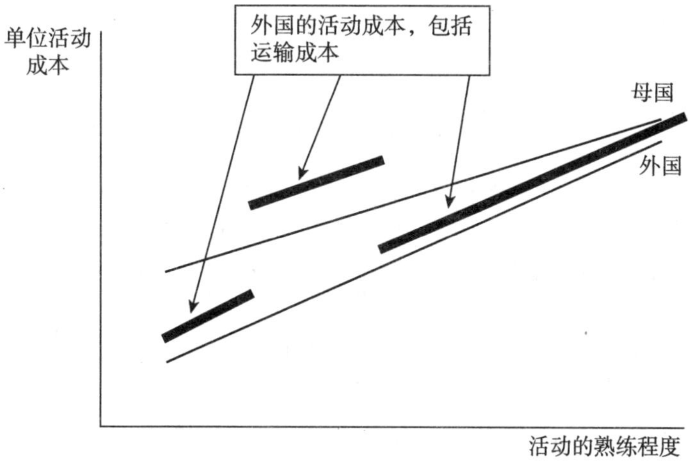

图 7—5　活动间运输成本差异

10. 随着服务的可贸易化程度越来越高，美国可以开始出口大量的服务。因为服务产出的扩张，制造业中的要素会被抽离出来进入服务业。这其实就是教材中给出的外包利得的例子，并且在问题 5 中被再次考虑。

第 8 章　完全竞争条件下的进口关税与配额

1a. 该公司将在你们国家的市场内以不低于正常水平的价格销售它的产品。正常水平的价格是指出口国国内的市场价格，或者第三国的市场价格，或者等于生产的平均成本的价格。

1b. 这是一个自由贸易协议的例子，该协议是被 GATT 第 24 条的规则所允许的。

1c. “正常贸易关系”更好地表达了“最惠国待遇”的意思，“最惠国待遇”是非歧视待遇的重要原则。

2. 安的消费者剩余是 1 美元，正好等于她愿意为第一个西红柿支付的 3 美元以及西红柿本身的价格 2 美元之间的差额。

3. 生产者剩余是对生产的固定要素的支付。因此，在这个例子中，生产者剩余是收益减去工人工资，也就是 40 美元。

4a. 自给自足价格是指在该价格上，这个国家不会有进口任何产品的可能，也就是 10 美元。

4b. 图 8—2 中的三角形，面积是 1/2×(10 美元/单位－6 美元/单位)×15 单位＝30 美元，是贸易利得。这也就等于消费者剩余的所得减去生产者剩余的亏损，在图中也可以表示为一个三角形，三角形的高是 10 美元/单位－6 美元/单位，底是 15 单位。见教材图 8—2 中的三角形 d。

4c. 见图 8—5。

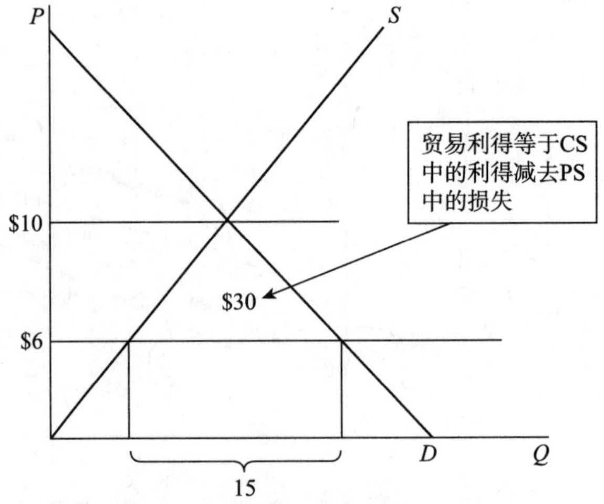

图 8—5　贸易利得

5a. 国内的价格上涨到 8 美元（即 P_W+t）。

5b. 关税是每单位 2 美元，将进口 7.5 单位，所以总关税收益是 15 美元。

5c. 关税的无谓损失等于进口的缩减额（15 单位－7.5 单位）乘以上升的价格 2 美元的一半：1/2×(2 美元/单位)×(7.5 单位)＝7.5 美元。

5d. 生产者剩余的变动等于收益的变动减去对可变生产要素的支付额，也就是 5 美元。

5e. 参见图 8—6。该图描述了国内部门关税的作用。图中标注的几何图形代表上题已经计算出来的福利变化。消费者剩余的总亏损值等于面积 $f+g+h+i$。由问题 5d 的结论可知，面积 f 等于 5 美元。由问题 5c 可知，面积 $g+i$ 是无谓损失 7.5 美元。由问题 5b 的结论可知，面积 h 是关税收益的规模，也即 15 美元。因此，消费者剩余的总亏损值是 27.50 美元。

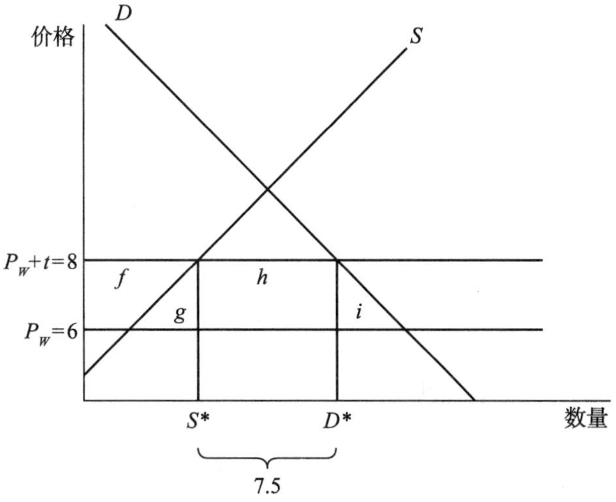

图 8—6　小国关税的福利效应

5f. 见图 8—6，以及问题 5e 的解答中 f，g，h 和 i 的数值。

6a. 生产者剩余减少了 175 美元。这个数值等于收益减少的 200 美元（保持产出不变）与生产关税损失 1/2×(2 美元)×25＝25 美元的差值。

6b. 消费者剩余增加了 625 美元。保持销售量不变，产品价格下降 2 美元使得消费者剩余提高了 600 美元。将该值加上在关税下的消费损失 1/2×(2 美元)×25＝25 美元，就是 625 美元。

6c. 关税收益下降了 2 美元×(300－100)＝400 美元。

6d. 关税的无谓损失值等于 50 美元，而关税的取消消除了该无谓损失，因此该国家的境况变好。

6e. 相关信息见图 8—7。

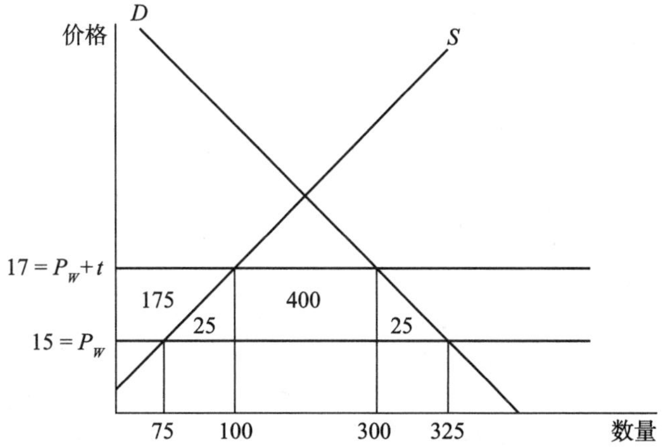

图 8—7　贸易自由的福利效应:小国

7a. 因为母国的价格是 11 美元，关税是 2 美元，因此含有关税的国际价格一定等于 9 美元。

7b. 由关税拉升的收益值是 2 美元/单位乘以 50 单位，也就是等于 100 美元。

7c. 利用无谓损失方程我们有(1/2)×(11 美元/单位－10 美元/单位)×(100 单位－50 单位)＝25 美元。

7d. 对国家福利的总影响等于贸易条件利得减去无谓损失。贸易条件利得等于(10 美元/单位－9 美元/单位)×50 单位＝50 美元。该值比无谓损失值多了 25 美元。因此，母国从关税中获利。

7e. 外国福利的影响等于其贸易条件损失（对母国来说是利得）加上其无谓损失值。无谓损失值等于(1/2)×(10 美元/单位－9 美元/单位)×(100 单位－50 单位)＝25 美元。因此,外国的总福利损失等于 75 美元。

7f. 对世界总福利的影响等于母国和外国的无谓损失值的加总，也即 50 美元。

7g. 见图 8—8。该图显示，消费者剩余得到 a，消费者剩余损失了 $a+b+c+d$，出口国福利的净损失值为 $b+c+d$，等于无谓损失值（$b+d$＝25 美元）与贸易条件损失值（c＝50 美元）之和。

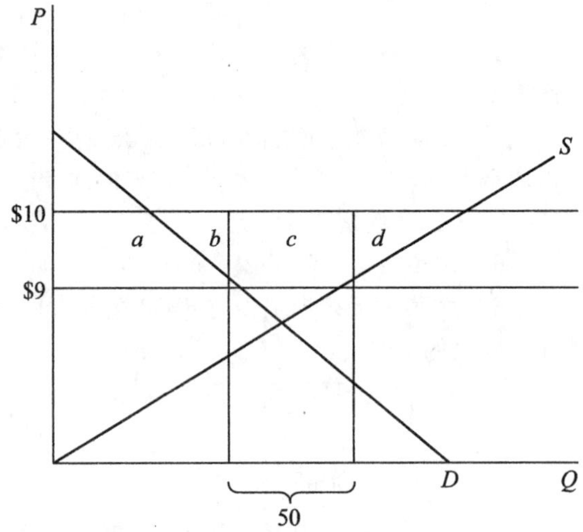

图 8—8　对出口商征收关税的福利效应

8. 供给曲线的弹性对应于其陡度。供给曲线越陡，弹性越低。当供给曲线非常陡的时候，出口国关税降低的几率越大。国外消费者承受的关税越重，最优关税值越大。

9a. 在一个完全竞争和通过公平竞争拍卖取得配额许可证的例子中，关税和配额的福利效应是等同的。两者都提升了国内产品的价格，使其超过了国际价格(同时改变了生产者剩余和消费者剩余)，也为政府带来了同样数量的额外收益。

9b. 在此例中，配额相比关税更适合用来保护生产者，国内产品的价格只由国内需求、国内供给和配额规模决定。国际价格的改变对生产者剩余没有任何影响。对于关税来说，国内的价格等于国际市场的价格加上关税。国际价格的下降也将拉低国内产品的价格，并进一步使生产者剩余减少。

10a. 配额租金的值等于国内与国际上该产品价格的差额（5 美元/单位）乘以配额的规模（50 单位）。因此，配额租金的值等于 250 美元。

10b. 出口国的无谓损失值等于(1/2)×(10 美元/单位－8 美元/单位)×(100 单位－50 单位)。另外，出口国还要承受贸易条件损失额(10 美元/单位－8 美元/单位)×(50 单位)＝100 美元。由此，出口国的总福利损失值等于 150 美元。

10c. 进口国享受贸易条件利得 100 美元，以及无谓损失值 1/2×(13 美元/单位－10 美元/单位)×(100 单位－50 单位)＝75 美元。于是，国内的国家福利额实际增加了 25 美元。

10d. 见图 8—9，值为 100 美元的方形代表出口国贸易条件的损失（也可以是进口国贸易条件的利得），值为 50 美元的三角形是出口国的无谓损失值，值为 75 美元的三角形是进口国的无谓损失值。

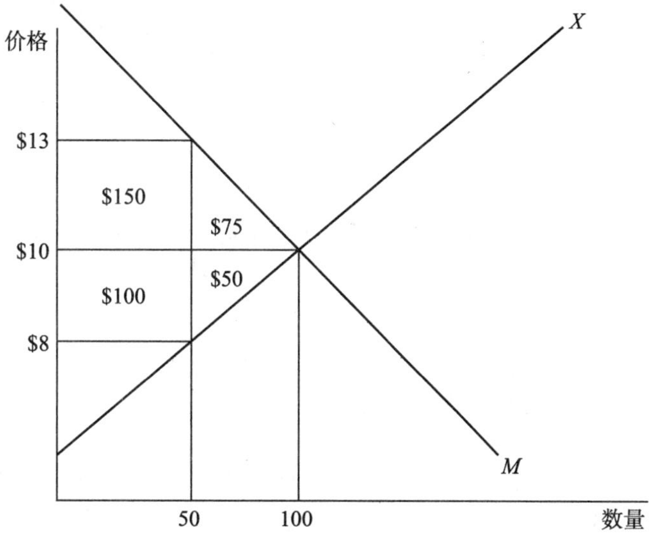

图 8—9　配额的福利效应:大国

10e. 如果进口国把配额租给出口国，则出口国的配额将使其福利值提升 100 美元（150 美元－50 美元），而进口国的福利将下跌 225 美元（150 美元＋75 美元）。

11. 进口国通过支付配额租给出口国以削弱出口国企图报复或者向 WTO 申诉赔偿的动机。我们在上一个问题中可能已经发现，出口国实际上是可以从中受益的，在现实中日本汽车企业的例子就和该假设是一致的。

第 9 章　不完全竞争条件下的进口关税与配额

1a. 见图 9—2。当国际贸易被禁止的时候，该公司是垄断的，因此可以选择销售量使得边际成本等于边际收益（Q_1）。该水平的产出对应垄断价格 P^M。

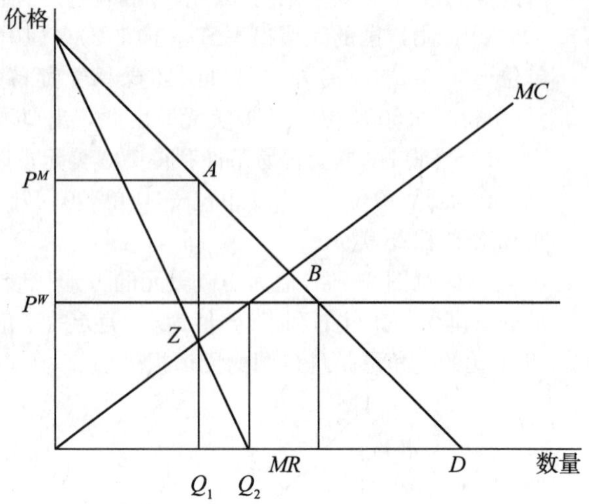

图 9—2　母国垄断情形下自由贸易和自给自足的对比

1b. 国际贸易促使该公司将产品价格降至 P^W。

1c. 该公司在国际贸易的环境中应该尽己所能将产品量定在能使其边际成本（Q_2）与国际价格（也是该公司新的边际收益曲线）相等。如图中所示，这实际上暗示了产出将会有增长。

1d. 国际市场限制了公司的垄断能力并且拉低其生产者剩余。

1e. 垄断公司的自给自足定价（P^M）超过了国际市场的价格。因此，自由贸易提高了消费者剩余。

1f. 消费者得到图中的梯形 P^MABP^W。消费者剩余中的利得包括失去的垄断利润（矩形 P^MAZP^W）。因此这个国家在贸易中是获利的。

1g. 如果国际价格位于边际收益曲线和边际成本曲线交点的下方，则垄断公司的产出量将降低而不是增加。

2. 是的。参照图 9—2。假设 P^W 在需求曲线和边际成本曲线交点的上方，但是低于点 P^M。在此例中垄断公司在该价格上会充分满足国内的需求量。在该价格上这个国家要进口的话只是想促使国内的价格下调。

3a. 见图 9—3。注意到此处为了避免混乱我们在图中略去了边际收益曲线。结果与之前的小国家内完全竞争的例子很相像。关税拉升了价格，增加了生产者剩余（面积 a），降低了消费者剩余（面积 $a+b+c+d$）。关税得到的收益为 c，因此对国家福利的总影响值为 $-(b+d)$。

3b. 因为当国内市场的价格上涨的时候，配额不允许进口规模扩张到高于配额的规模，因此国内的公司有垄断能力。如图 9—4 所示，完全竞争下的配额将使得进口规模缩减同等数量，因为一个额度为 t 的关税将使垄断下的需求曲线和边际收益曲线向左移动。公司将在边际成本超过关税 t 的那部分上对市场进行涨价。国内市场对应配额 P^Q 的产品价格高于国内市场对应关税 P^W+t 下的产品价格，因此在配额下的消费者剩余相比在关税下的消费者剩余要低。

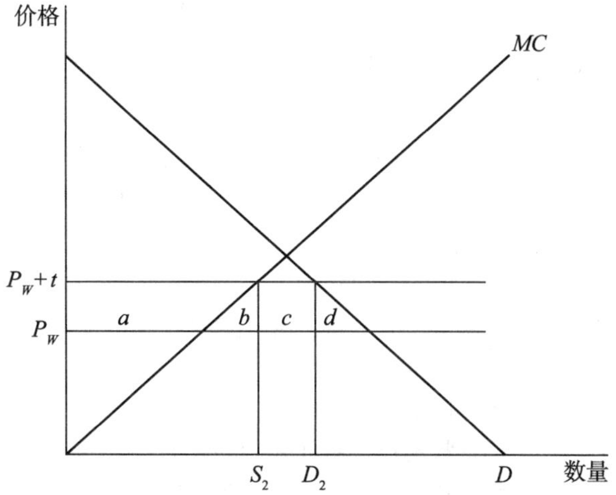

图 9—3　关税与母国垄断者

3c. 假设关税 t 导致 M 单位的产品进口。关税收益将等于 $t \cdot M$。一个规模为 M 的配额，也即指配额租金为 M，因为每个单位的配额许可证都允许其拥有者以降低的国际价格 P^W 购买产品并且以较高的国内价格 P^Q 卖出该产品。因为（P^Q-P^W）$>t$，它使得对应进口 M 单位的配额租超过对应进口 M 单位的关税。

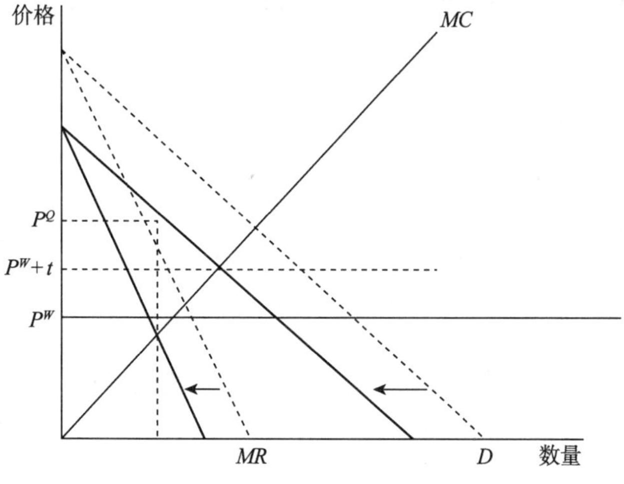

图 9—4　当国内只有一家公司时，配额比关税对消费者的影响更大

4a. 通过将黄瓜的价格提高到国际价格之上，使得之后的每一年，只要国内市场产品的价格高于国际价格，关税都将拉低消费者剩余。

4b. 为了使保护新兴产业的行为是正确的，P 必须小于国内生产黄瓜的公司现在的平均生产成本同时又必须不小于之后 5 年内国内黄瓜生产公司的平均生产成本。

4c. 如果国内的资本市场是完全竞争的，则对新兴产业的保护的论证将是无效的。一家公司要最终成为一家有竞争力的公司，必须有能力用未来的收入做抵押进行贷款，前提是未来的收入能够兑现。关于黄瓜产业的另一论证是说该产业可能会带来正外部性。

4d. 正外部性的存在，例如知识外溢，可以支持新兴产业保护的提案。但是对于黄瓜产业来说，这种说法的说服力是不强的。

5a. 如果支持新兴产业保护的理由只单纯地是资本市场不完全竞争的话，那么可能提供该保护是毫无意义的。这是因为生产者剩余归属于外国跨国公司而不是母国的公司。

5b. 如果论证的理由是说该产业具有知识外溢，则母国的企业家将会从跨国企业的所有权中获利。这些知识外溢将拉低母国公司的成本并且有可能会支持征收关税。中国的汽车产业的发展实例说明了跨国企业在中国的汽车产业萌芽中发挥了重要的作用。

6. 从教材中的例子可以看出，哈雷-戴维森由于缺乏临时保护所以将很难从银行系统中取得贷款。并没有任何线索证明该产业和正外部性有任何联系。

7a. 见图 9—5。如果没有关税，则服务市场的边际成本是 10 美元。令边际成本等于边际收益（$10=100-2Q$）且求解，我们得到最优销售量是 45 单位。将这一数值代入需求函数式 $P=100-45$，求解得价格为 55 美元。

7b. 见图 9—5。关税把服务市场的边际成本提升到了 20 美元。令此处边际成本等于边际收益（$20=100-2Q$），我们会发现此时的最佳销售量是 40 单位。将该数值代入到需求函数（$P=100-40$）中，我们可以得到价格应为 60 美元。此处是一个关税并未完全转嫁到消费者身上的例子。可见，10 美元的关税只把价格提高了 5 美元。

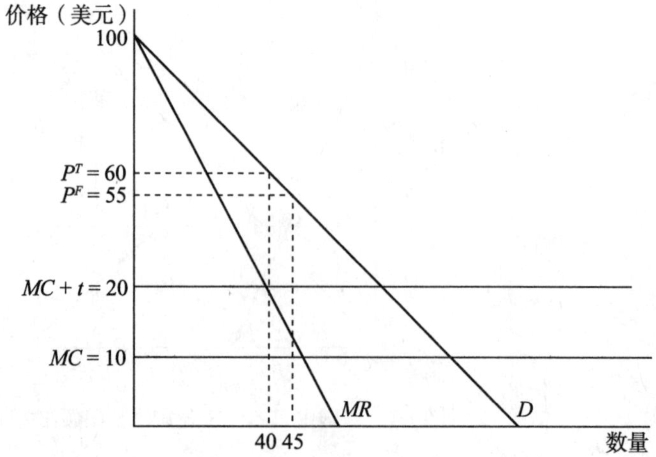

图 9—5　对外国垄断者征税的效应

7c. 在一个三角形区域内应用公式，消费者剩余在自由贸易模式中等于 1 012.50美元（$1/2\times[100-55]\times45$），在征收关税的模式中为 800 美元（$1/2\times[100-60]\times40$）。国家的福利等于消费者剩余与关税收益之和，因此关税使该国的境况变好了。

8a. 见图 9—6。这里的关键点在于边际收益曲线并没有需求曲线那么陡峭，因此母国的产品价格上升的幅度要大于关税的征收规模。在征收关税之前，外国的垄断公司卖出 Q_1 单位的产品，此时服务市场的边际成本（MC）等于边际收益（MR）。该数量意味着母国的市场价格是 P_1。关税的存在把边际成本提高了 t 每单位（$MC+t$），因此会促使垄断者将供给量缩减到 Q_2，意味着价格将是 P_2。因为需求曲线比边际收益曲线要更加陡峭，因此价格的增加（P_2-P_1）比关税的规模 t 要大。

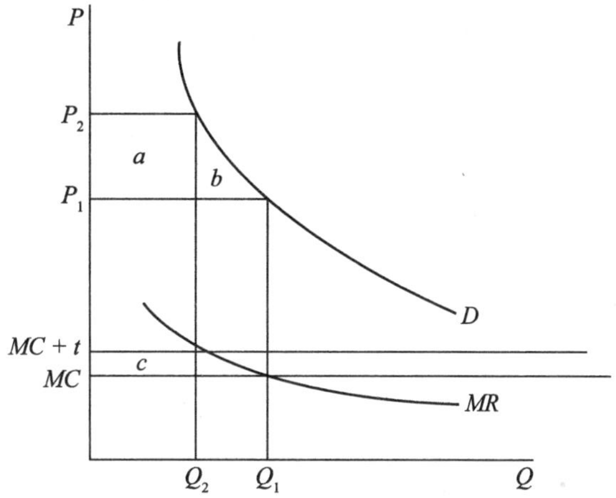

图 9—6　需求曲线比边际收益曲线陡峭

8b. 不是。在此例中，消费者剩余的减少值（图 9—6 中 $a+b$ 的区域面积）必将超过政府收益的增加值（等于 $t \cdot Q_2$，也就是图 9—6 中的区域 c 的面积）。这种情况一定成立，因为 $P_2-P_1>t$。

9. 如文中所指出的，仅仅反倾销关税的威胁就能够促使外国的公司提高它们在进口国的产品价格。于是，该政府的官方呈词是有潜在误导性的，因为外国的生产者即使在没有被提出反倾销诉讼的情况下也有可能已经改变了它们的行为。

10. 政府提出一个反倾销诉讼是相对容易的，并且很有可能会发现政府十分中意于倾销索赔。即便当倾销索赔没有被完全执行，倾销税的存在也足以促使外国公司提高它们的产品价格。

11. 因为此处存在反倾销税，因此也一定存在有关国内生产者“实质性损害”的证据。如果没有国内生产者，就不会有所谓的实质性损害了。

第 10 章　农业与高科技产业的出口补贴

1. 通过增加食物的供给，该援助拉低了国际市场上食品的价格。该现象损害了发展中国家食品出口商的利益。其实一个更有效的援助政策是现金资助。

2. 对肥料的税额减免会降低农产品生产者的成本，因此也可能成为一种生产补贴。

3. 出口补贴使国内的产品价格提高到超过国际价格的水平。这就给了套利人套利的机会，他们会以较低的世界价格购得一种产品，再进口该产品并申请出口补贴。因此，政府必须在此处设立进口关税以杜绝这种情况的发生。

4a. 该国家出口 120 单位，政府每单位支付 1 美元。因此，政府的总成本是 120 美元。

4b. 因为这是一个小国家，补贴对于国家福利的影响是造成了无谓损失。该损失等于出口增长量的一半乘以母国食品价格的提高量，也即等于 10 美元。

4c. 见图 10—4。无谓损失值等于 10 美元，补贴的总成本是 120 美元。

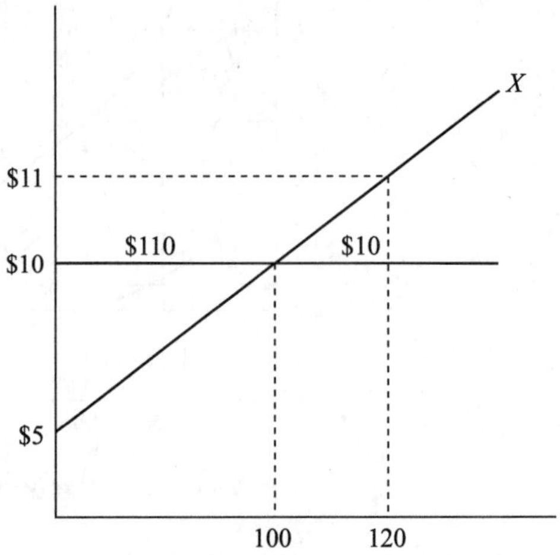

图 10—4　小国出口补贴的效应

5a. 政府进行补贴的成本是区域（$b+c+d$）的面积。

5b. 生产者剩余增加值是区域（$a+b+c$）的面积。

5c. 消费损失的规模等于 $s\times(D0-D1)/2$。这是那个三角形区域的公式。

6. 因为母国市场的价格足够高，所以生产者愿意提供的商品数量高于消费者的需求量。足够多的出口补贴（连同关税一起）能够使母国的产品价格提高到超过自给自足价格的水平，并且促使该国从事出口。

7a. 补贴的成本等于出口的规模乘以单位出口补贴：(10 美元/单位)×(150 单位)＝1 500 美元。

7b. 母国承受了一笔贸易条件损失，其值等于(100 美元/单位－95 美元/单位)×150 单位＝750 美元。无谓损失值等于(1/2)×(105 美元/单位－100 美元/单位)×50 单位＝125 美元。因此母国的福利总损失值就是 750 美元＋125 美元＝875 美元。

7c. 补贴提高了外国的国家福利，因为其消费者剩余增加值比起生产者剩余的削减值要多。然而，外国的利得与母国的贸易条件损失是不等的。外国的无谓损失值等于(1/2)×(100 美元/单位－95 美元/单位)×(150 单位－100 单位)＝125 美元。该无谓损失的产生是因为在这个自由贸易环境中，外国的生产者产量太少而又消费了很多。外国的利得就是母国的贸易条件损失减去外国的无谓损失，也就是 625 美元。

7d. 见图 10—5。消费者得到区域 $a+b$，而生产者失去区域 a。

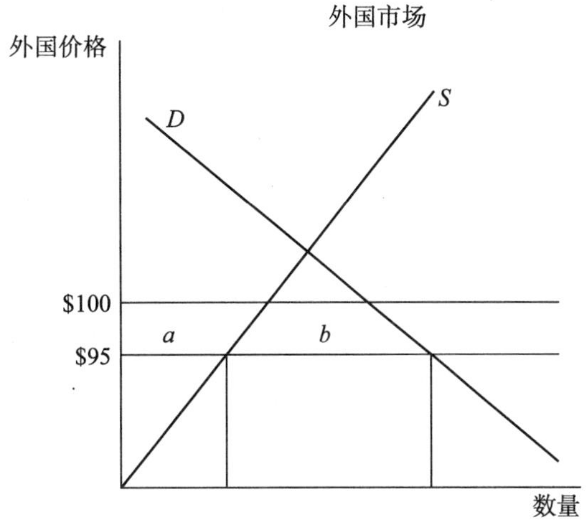

图 10—5　出口补贴对进口国福利水平的影响

7e. 见图 10—6。母国失去的包括无谓损失 d 和贸易条件损失 $a+b+c$。外国得到贸易条件利得 $a+b+c$，但是其也有无谓损失 c。

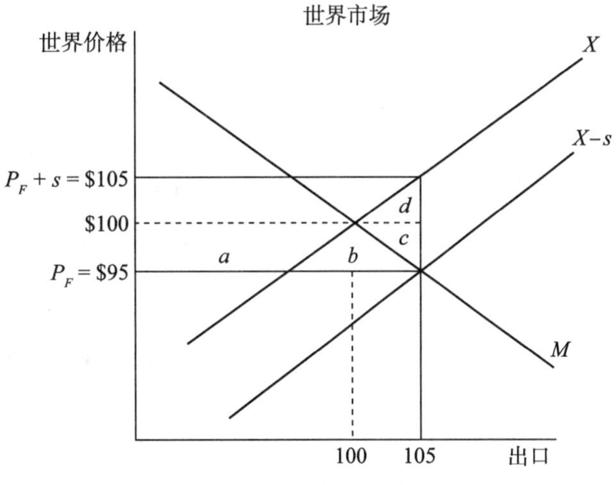

图 10—6　世界市场内的无谓损失和贸易条件效应

7f. 是的。公司在其自身市场的定价为 $P_F=95$ 美元，而相同的公司在母国市场的定价是 $P_F+s=105$ 美元，其中 s 是 10 美元的补贴值。因为这些公司在母国市场的定价都比其自身市场要高，因此倾销的条件是成立的。

7g. 进口国可以强加反倾销税以抵消补贴效应。

8a. 见图 10—7。出口税把国际市场的供给从 Q_1 拉低到 Q_2，从而也把国际市场的价格从 P_1 拉升到了 P_2。母国市场的价格等于国际市场的价格减去出口税额（因为该税收不需要用母国销售额来支付）。出口额将下降。

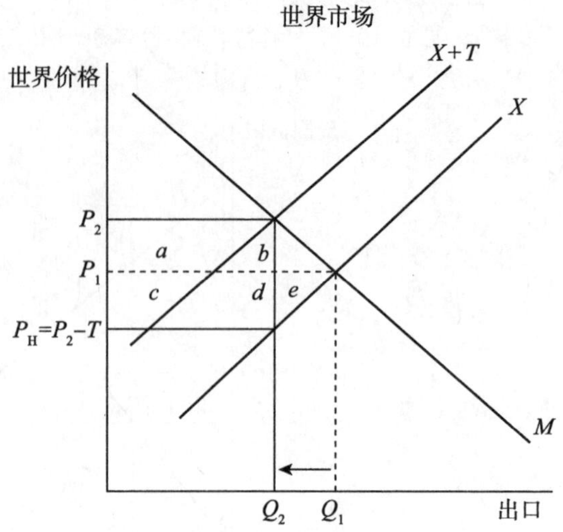

图 10—7　对世界市场征收出口税的效应

8b. 因为母国的价格从 P_1 降至 P_H，其生产者的利益受损而消费者从中得益。生产者剩余的损失值超过消费者剩余增加值的部分等于图 10—7 中区域 $c+d+e$ 的面积。政府对出口征收关税的收益等于 $T\cdot Q_2$，该值等于图中区域 $a+b+c+d$ 的面积。税收收益的部分（$a+b$）来自于国外的消费者，因为出口税改善了出口方的贸易条件。

8c. 出口补贴毫无意外地降低了出口方的福利水平。除了无谓损失以外，还伴随着贸易条件的恶化。出口税也会产生无谓损失，但是出口税会带来贸易条件利得。如果贸易条件利得相对无谓损失较大的话，这个国家在税收政策下会得益。如果出现政府选择出口补贴政策而不是出口税的情况，一定是该政府在寻求增加生产者剩余。因为出口补贴可以增加生产者剩余而出口税会降低生产者剩余。

9a. 政府在生产补贴上的花费等于 5 美元/单位乘以生产出来的总量 200 单位，算下来等于 1 000 美元（即图 10—8 中的区域 $a+b+c+d$ 的面积）。政府在出口补贴上的花费等于 5 美元/单位乘以出口量 150 单位（200－50），也即等于 750 美元（即图 10—8 中区域 $b+c+d$ 的面积）。因此，生产补贴耗费了政府额外的 250 美元。

9b. 在两种情形下，图 10—8 中的区域 d 代表了生产扭曲，通过计算可知该值等于 125 美元，即(1/2)×(15 美元/单位－10 美元/单位)×(200 单位－150 单位)＝125 美元。

9c. 在生产补贴的情形中，消费扭曲值等于 0。因为消费者面对的产品价格并没有改变。在出口补贴的情形中，图 10—8 中的区域 b 代表了消费扭曲，通过计算可知该值等于 125 美元，即(1/2)×(15 美元/单位－10 美元/单位)×(200 单位－150 单位)＝125 美元。

9d. 见图 10—8，出口补贴对国家福利的影响是－($b+d$)，生产补贴对国家

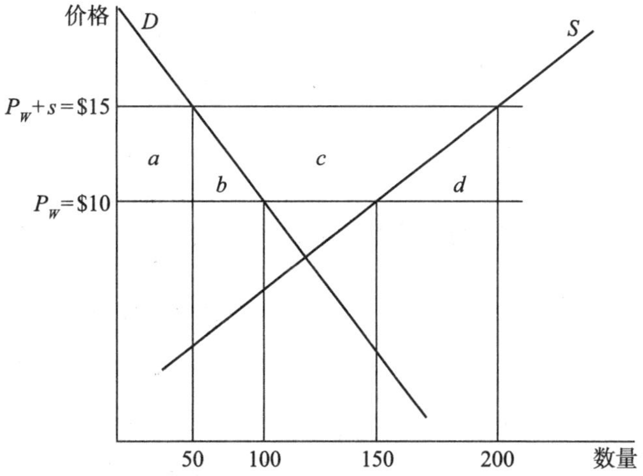

图 10—8　生产补贴与出口补贴

福利的影响是 $-d$。因此，出口补贴因为消费扭曲的原因，相比生产补贴使国家福利多减少了 125 美元。

9e. 如果母国市场更大，出口补贴对该国的出口有更大的影响，因为其降低了消费量而提高了生产量，而生产补贴仅仅提高了生产量。因为出口受到的影响较小，出口供给曲线移动幅度更小，其对贸易条件的影响也更小。

9f. 如果母国是个大国，它的生产补贴政策将导致国际市场的价格下降。国际市场价格的下降使母国的消费者剩余得到了提高。

10. 是的，如果补贴足够多的话，生产者将会生产多于消费者需求量的产品，于是该国家将成为该商品的出口国。否则，该国家将选择进口该商品。

11a. 假设不存在报复行为和生产的不对称，则只有一方生产该商品，不会产生无谓损失。补贴仅仅导致固定额度的利润从一方转移到了另外一方。

11b. 如果美国决定报复欧盟，那么表面上很可能双方都会做出终止生产的行为，那么双方都无利润可言。在此情形中，双方的福利相比双方都不提供补贴的情形恶化了。

11c. 双方很可能已经发现自己处于一个国际化的囚徒困境之中。它们双方想提升自己福利的努力很可能会导致双方的利益一起受损。1992 年的协定就是双方努力走出这种境况的尝试。

第 11 章　国际协定：贸易、劳工与环境

1. 多边协定只有当签约多方都能从中受益的时候才会生效。如果其中只有一个大国，那么该国可能并不会同意多边协定中关于关税减免的条款。

2. 如果有许多小国加入了一个关税同盟，它们可能会一起在国际市场上变

得强大。因为大国在进口受限时境况会变好，小国在自由贸易中境况会变好，这些国家可能会针对非联盟国家提高关税。

3. 这种情况是可能发生的。试想生产的边际成本在母国以及自由贸易区以外都是不变的。母国的对外关税可能会低到使得与自由贸易区之外的国家相比母国有更低的边际成本，从而可以为母国市场供给产品。

4. 见图 11—2。令签订自由贸易协定的国家的生产边际成本为 C。该自由贸易协定降低了这个国家的国内市场供给成本，因此贸易规模将变大。这和我们在第 8 章看到的情况是一样的。

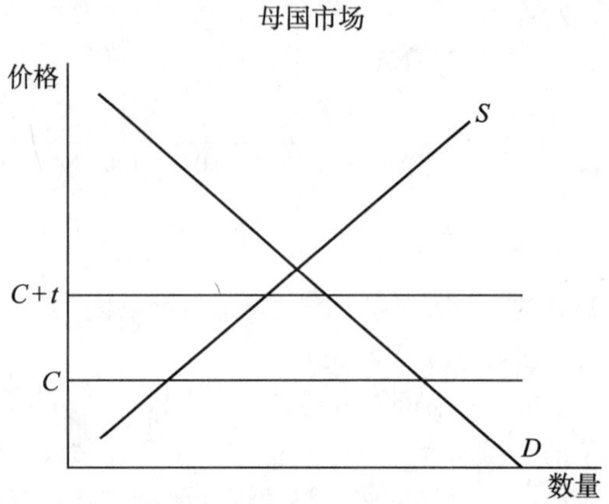

图 11—2　贸易创造

5a. 在此例中并不存在贸易转移，因为在所有的三个国家中，A 国的边际成本是最低的。在签订协定之前和之后，A 国的角色都是供给者。

5b. 如果关税的初始点足够高，能够使得母国既不从 A 国也不从 B 国进口商品，则一个包含 B 国的区域贸易协定会引起贸易创造的发生。

5c. 见图 11—3，在签订区域贸易协定之前，从 A 国和 B 国进口将被课以一个额度为 t 的关税，因此 A 国的出口边际成本是 C_A+t，B 国的出口边际成本是 C_B+t。因为 $C_A+t<C_B+t$，成本较低的国家是 A，当两国面对的关税额一样时，A 国将成为唯一的供给者。现在假设 B 国加入了某个包含母国的区域贸易协定，并且关税足够高以至于 B 国是最低成本供应国。因为 $C_B<C_A+t$，所以贸易将从低成本生产国 A 转移到高成本生产国 B。

5d. 是的，在签订区域贸易协定之前，母国的价格是 C_A+t。在签订区域贸易协定之后，价格跌落至 C_B。关税收益不复存在，但是消费者剩余会因为价格的跌落而增加。

6. 我们在第 3 章所讨论的咖啡互惠贸易是非政府组织成功地提高了人们生活水平的一个例子。消费者会选择为在合适的环境下生产出来的咖啡埋单。

7. 他们担心这是一种在低工资水平的国家提高生产成本的伪保护主义的形式。

8a. 这个问题描述了一个特定要素类型的框架。如果正规部门的工资水平上涨，那么劳动力的边际产量值也肯定会随之上涨。这就意味着正规部门的劳动力

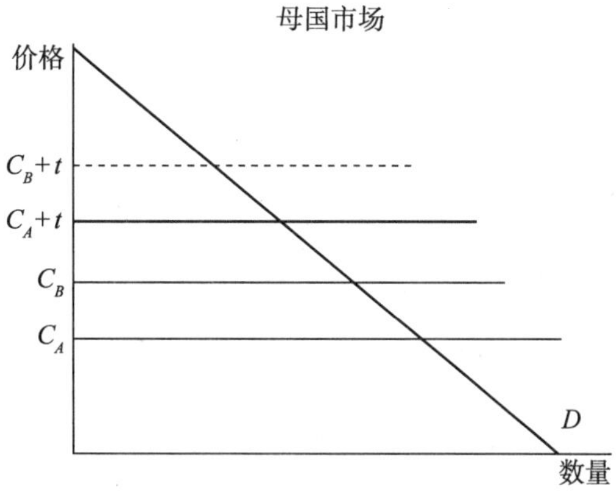

图 11—3　贸易转移

雇佣量将下降。

8b. 从正规部门挤出来的劳动力会在一些无管制的非正规部门中找到工作。随着非正规部门劳动力雇佣水平的上升，劳动力的边际产量值会下降，其工人的工资水平也会随之下降。

9a. 在金枪鱼-海豚的那个案例中，由于母国把某个生产工业方法强加于外国市场，所以 WTO 有很大的几率对母国的该行为进行否决。

9b. 不是。只要该报告是无歧视性的，WTO 就不会对此报告提出异议。

10. 富国相比穷国在环境污染问题上有更加严格的管制。如果这些管制最终使得高污染产业的成本高于低污染产业的成本，那么关税减免就会使得高污染产业向穷国产业转移。最终的结果可能是环境污染状况更加严重。

11a. 如果污染根本上是一个地方性问题的话，那么一个国际囚徒困境就基本不会出现，因为一个国家的污染并不能影响其他国家。

11b. 如果所有生产者的边际成本都增加，那么这些商品的全球供给曲线就会向内移动，从而导致斯尼德产品价格的上涨。价格上涨的精确值取决于供给和需求曲线的形状。

11c. 你们国家的斯尼德产业将从国际市场斯尼德的高价格现状中获益，此时产业的边际成本曲线保持不变，因此你们国家的生产者剩余增加了。

11d. 这里存在一个搭便车的问题。如果所有其他国家都在该协定上签了字，你们国家将从世界污染状况变好中得益。并且由于斯尼德的价格升高了，因而你们国家的生产者剩余得以提高。*

---

* 顾晓波、刘兴坤、胡安荣、曾景、王晓、孙晖、程诗、付欢、王小芽、马慕禹、张伟、李军、王建昌、王晓东、李一凡、刘燕平、钟红英、赵文荣、王博、刘伟琳、周尧、李君校对了书稿，在此表示感谢。

教学支持说明

中国人民大学出版社经济分社与人大经济论坛（www.pinggu.org）于2007年结成战略合作伙伴后，一直以来都以种种方式服务、回馈广大读者。

为了更好地服务于教学一线的任课教师与广大学子，现中国人民大学出版社经济分社与人大经济论坛做出决定，凡使用中国人民大学出版社经济分社教材的读者，填写以下信息调查表后，发送电子邮件、邮寄或者传真给我们，经过认证后，我们将会向教师读者赠送人大经济论坛论坛币200个，向学生读者赠送人大经济论坛论坛币50个。

教师信息表	学生信息表
姓名：	姓名：
大学：	所读大学：
院系：	所读院系：
教授课程：	所读专业：
联系电话：	入学年：
E-mail：	QQ等联系方式：
论坛 id：	E-mail：
使用教材：	论坛 id：
论坛识别码（请抄下面的识别码）：	使用教材：
	论坛识别码（请抄下面的识别码）：

我们的联系方式：

E-mail：gaoxiaofei11111@sina.com

邮寄地址：北京市中关村大街甲59号文化大厦1506室中国人民大学出版社经济分社，100872

传真号：010-62514775

附：人大经济论坛（www.pinggu.org）简介

人大经济论坛依托中国人民大学经济学院，于2003年成立，致力于推动经济学科的进步，传播优秀教育资源。目前已经发展成为国内最大的经济、管理、金融、统计类在线教育和咨询网站，也是国内最活跃和最具影响力的经济类网站：

· 拥有国内经济类教育网站最多的关注人数，注册用户以百万计，日均数十万经济相关人士访问本站

· 是国内最丰富的经管类教育资源共享数据库和发布平台

· 提供学术交流与讨论的平台、经管类在线辞典、数据定制和数据处理分析服务、免费的经济金融数据库、完善的经管统计类培训和教学相关软件

论坛识别码：pinggu_com_1545967_4210768

Study Guide with Worked Examples for Use with International Trade by Robert C. Feenstra, Alan M. Taylor

First published in the United States by WORTH PUBLISHERS, New York and Basingstoke

《〈国际贸易〉学习指导与习题集》英文版于 2008 年首次出版。

图书在版编目（CIP）数据

《国际贸易》学习指导与习题集/耶普尔编；刘蕊等译．—北京：中国人民大学出版社，2011.6
（经济科学译丛）

ISBN 978-7-300-13879-4

Ⅰ.①国…　Ⅱ.①耶…②刘…　Ⅲ.①国际贸易—自学参考资料　Ⅳ.①F74

中国版本图书馆 CIP 数据核字（2011）第 107767 号

“十一五”国家重点图书出版规划项目
经济科学译丛
《国际贸易》学习指导与习题集
斯蒂芬·罗斯·耶普尔　编
刘　蕊　冯凌秉　冯丽君　等译
Guoji Maoyi Xuexizhidao yu Xitiji

出版发行	中国人民大学出版社		
社　　址	北京中关村大街 31 号	**邮政编码**	100080
电　　话	010－62511242（总编室）		010－62511398（质管部）
	010－82501766（邮购部）		010－62514148（门市部）
	010－62515195（发行公司）		010－62515275（盗版举报）
网　　址	http://www.crup.com.cn		
	http://www.ttrnet.com（人大教研网）		
经　　销	新华书店		
印　　刷	涿州星河印刷有限公司		
规　　格	185 mm×260 mm　16 开本	**版　　次**	2011 年 6 月第 1 版
印　　张	11 插页 3	**印　　次**	2011 年 6 月第 1 次印刷
字　　数	249 000	**定　　价**	26.00 元